老照片
南京百年影像
1840—1949

邓 攀 编撰

南京出版传媒集团
南京出版社

图书在版编目（CIP）数据

老照片·南京百年影像：1840—1949 / 邓攀编撰
. -- 南京：南京出版社, 2021.9
ISBN 978-7-5533-3375-5

Ⅰ.①老… Ⅱ.①邓… Ⅲ.①南京－地方史－1840-1949－摄影集 Ⅳ.①K295.31-64

中国版本图书馆CIP数据核字（2021）第161832号

书　　名： 老照片·南京百年影像：1840—1949
作　　者： 邓　攀
出版发行： 南京出版传媒集团
南　京　出　版　社

社址：南京市太平门街53号　　邮编：210016
网址：http://www.njcbs.cn　　电子信箱：njcbs1988@163.com
联系电话：025-83283893、83283864（营销）　025-83112257（编务）

出 版 人： 项晓宁
出 品 人： 卢海鸣
丛书策划： 卢海鸣
责任编辑： 谢　微　王　娜
装帧设计： 王　俊
责任印制： 杨福彬

排　　版： 南京新华丰制版有限公司
印　　刷： 南京凯德印刷有限公司
开　　本： 787 毫米×1092 毫米　1/16
印　　张： 14
字　　数： 170千
版　　次： 2021年9月第1版
印　　次： 2021年9月第1次印刷
书　　号： ISBN 978-7-5533-3375-5
定　　价： 68.00 元

用微信或京东APP扫码购书　　用淘宝APP扫码购书

上架建议：历史　文化

目　录

序 / 001

1840

龚自珍叹天涯陆沉 / 005

1841

魏源撰《海国图志》 / 006

1842

签订《南京条约》 / 007

1843

叶名琛回籍居丧 / 010

1844

金鳌撰成《金陵待征录》 / 011

1845

高淳重建襟湖桥 / 012

1846

邓廷桢归葬 / 013

1847

李星沅就任两江总督 / 014

1848

英舰赴宁"投诉" / 015

1849

东坝决口泄洪 / 016

1850

徐鼒为南明著史 / 017

1851

南京官员出资刊刻《荡寇志》 / 018

1852

南京丝织业繁盛 / 019

1853

太平天国定都南京 / 021

1854

发行天国圣宝 / 023

英国人访问天京 / 024

1855

处决天朝元勋曾水源 / 025

1856

一破江北江南大营 / 026

天京事变 / 028

1857

石达开出走 / 029

1858

二破江北大营 / 030

1859

洪仁玕《资政新篇》颁行 / 032

1860

二破江南大营 / 033

1861

王韬随访天京 / 034

1862

曾国荃率湘军扎营天京城下 / 035

1863

湘军控制九袱洲 / 036

1864

天京失陷 / 037

1865

创办金陵机器制造局 / 039

1866

试航机动轮船“黄鹄”号 / 041

1867

重修江宁布政使司署 / 042

1868

中国近代首个外交使团来宁 / 043

1869

重建府学、文庙和武庙 / 044

1870

确定幼童留学美国方案 / 046

1871

两江总督署重建启用 / 047

1872

曾国藩病逝 / 049

南京首批照片诞生 / 050

1873

修补明孝陵 / 052

1874

刊行《同治上江两县志》 / 054

1875

刘铭传呼吁变西法 / 055

1876

重修驻防城 / 056

1877

军民齐捕蝗 / 058

1878

孙衣言积谷备荒 / 059

1879
沈葆桢病逝 / 060

1880
《续纂江宁府志》 / 061

1881
重修浦口城 / 062

1882
南京首座轮船码头建成使用 / 063

1883
南京首家西医院开业 / 065

1884
九龙桥边建成中国首家洋火药局 / 066

1885
教育家薛时雨辞世 / 067

1886
徐建寅主持扩建金陵机器局 / 068

1887
沙德纳创办教会女校 / 070

1888
创办汇文书院 / 072

1889
建成大钟亭 / 073

1890
江南水师学堂开学 / 074

1891
重建祈泽寺 / 076

1892
编成《金陵诗征》 / 077

1893
基督医院开业 / 078

1894
张之洞代理两江总督 / 080

1895
修筑江宁马路 / 082

1896
创设江南陆师学堂 / 083

1897
谭嗣同撰《仁学》 / 085

1898
鲁迅南京求学 / 086

1899
南京开埠 / 087

1900
开通领事馆 / 089

1901
官书局编译西书 / 091

1902
刘坤一病逝 / 093

1903
创办三江师范学堂 / 094

1904
陈三立捐宅助办思益小学 / 096

1905
编练新军第九镇 / 097

1906
同盟会渗透新军 / 099

1907
为华侨子弟创办暨南学堂 / 101

1908
沪宁铁路全线通车 / 102

1909
南京城内小火车开通营运 / 103

1910
举办南洋劝业会 / 104
成立金陵大学堂 / 107
开放江南图书馆 / 109

1911
光复南京 / 110

1912
孙中山肇建民国 / 114

1913
讨袁军三次独立 / 117

1914
浦口成为中国水陆交通枢纽 / 119
下关扬子饭店扩建 / 120

1915
三所新学制高校同年开学 / 121
中外名流紫金山植树 / 124

1916
冯国璋在南京就任副总统 / 126

1917
谢阁兰考察南京六朝石刻 / 127
甘博镜头下的南京 / 129

1918
江苏邮务管理局大楼落成 / 131

1919
张闻天在南京传播马克思主义 / 132

1920
杨贤江组织研究马克思主义 / 134

1921
少年中国学会组织南京年会 / 135
金陵神学院扩建和金陵女子神学院迁址 / 136

1922
王荷波创建南京第一个党小组 / 138

1923
中国社会主义青年团二大在梅庵召开 / 139

1924
中国科学社在南京纪念成立十周年 / 141

1925
南京群众声援五卅惨案被害同胞 / 142

1926
开工建设中山陵 / 143

1927
北伐军占领南京 / 145

1928
南京教会大学始由中国人主持 / 147
中西合璧的校园建筑 / 148

1929
举行奉安大典 / 150
制定《首都计划》 / 153

1930
国葬谭延闿 / 154
反帝爱国热土晓庄师范遭查封 / 155

1931
钱壮飞冒死挽救党中央 / 156
南京民众举行反日救国大会 / 157

1932
国联调查团来华 / 158
共产国际联络员牛兰夫妇被判刑 / 159

1933
举行第五届全国运动会 / 160
亚洲首个火车轮渡通航 / 162

1934
紫金山天文台竣工 / 163
抗战前南京最后一个市级党组织被破坏 / 165

1935
长江大水淹城 / 166
廖仲恺移葬南京 / 168
国民革命军阵亡将士公墓落成 / 169

1936
国民大会堂和国立美术陈列馆建成 / 170
西安事变和平解决 / 172
留德经济学教授痴心研究南京古迹 / 173

1937
国共完成合作谈判 / 175
南京陷落 / 177
侵华日军疯狂屠城 / 178
南京国际安全区保护难民 / 179

1938
“维新政府”成立 / 181
新四军挺进南京 / 182

1939
石井四郎在南京成立细菌战部队 / 183

1940
汪精卫组建伪政府 / 184

1941
苏南党政军机关转移至溧水 / 185

1942
南京情报组暗战南京 / 186
竹镇成立抗日民主政府 / 187

1943
汪伪政府向英美宣战 / 188

1944
汪伪首都爆发进步学生运动 / 189
德国女摄影家为南京留影 / 190

1945
新四军筹备收复南京 / 191
南京受降 / 192
1946
国民政府还都南京 / 197
周恩来率中共代表团进驻南京 / 199
1947
审判日本战犯 / 201
审判伪政权汉奸 / 203
“五二〇”运动爆发 / 205
1948
召开行宪国民大会 / 207
评选中央研究院首届院士 / 209
俞渤等驾机起义轰炸总统府 / 210
1949
解放南京 / 211

序

中华文明自古特重“以史为鉴”，与“史”并列的还有“图”，即“左图右史”之谓。按清代学者冯桂芬的解释：“史以纪瀸恶，示劝惩也；图载星辰、山川、草木、鸟兽之形，以资多识。”一图在目，无须多言，考镜易明，便于记览。如清廷每逢重大战事胜利之后，除了载之史册，便是继承左图右史传统，安排画师绘战图以存。

今之老照片即类似古之“图”。学者往往赞其以图证史之用，乃至要开创图像史学的门类。然则，老照片出版物的兴盛，在于学界之外的读者发现了读史的新途径，比之以旁征博引的鸿篇大论去还原逝去的场景，几幅历史老照片更容易将我们代入当时当地的历史情境中，那一刻真是无言胜有言，就像开启了自由出入、自由聚焦的上帝视角，完全摆脱了文字的约束。当然照片仍有摄影者的精心设计，因此这个“上帝视角”并不完全自由，甚至也有摆拍制造的场景，但与文字相比，照片自有其特殊的既视感、窥视感，和随之附加的真实感。在今日信奉“无图无真相”，甚至短视频大流行的微传媒时代，稀缺的老照片，特别像是回望历史时的惊鸿一瞥，尤为称艳。这为老照片出版物博取了更加广泛的读者缘，这一功用可称为以图述史、以图释史。

南京有着非常丰富的老照片资源，自从1872年英国摄影师约翰·汤姆逊给南京拍下第一组照片开始，她就成了一座“谋杀无数菲林”的城市。近代南京命运多舛，能留存的老照片显然是沧海一粟，能确知拍摄者的更是少有。这其中知名摄影者有西德尼·甘博、彭德尔顿、郭锡麒、朱偰、志波扬村、赫达·莫里循、哈里森·福尔曼、布列松等，此外教会人士、外籍教员、外籍职员、外交人员、外国军人、中外记者和游客等都有雪泥鸿爪般的影像留存；知名拍摄机构有南京宝记、田坂写真、钟山、光华等照相馆、摄影社，其实清末宣统时期出版的《金陵杂志》记录了与花牌楼田阪写真同时期的照相馆还有9家，即贡院大街的惟妙、惟肖、美真、美容，贡院西街的妙斋、天真，姚家巷口的荣芳公司，四福巷的荣芳，花牌楼的美丽丰，但现存老照片几乎没有什么能够确认是其拍摄的，也许它们的作品基本已世上无存。这些影像资料通过浩如烟海的出版物、明信片记录了南京的历史，展示和营造了南京的形象。其中以南京为专题的画册、影集就有日本杉江房造的《金陵胜观》（1910）、南京特别市教育局的《首都名胜古迹图片》（1929）、郭锡麒的《南京影集》（1933）、朱偰的《金陵古迹名胜影集》（1936）、日本泷藤治三郎的《南京の全眺》（1940）、德国阿尔弗雷德·霍夫曼与赫达·莫里循的《南京》（1945）等，其他出版物中零散的插图更是浩如烟海，无法一一枚举。

《老照片·南京百年影像（1840—1949）》是以老照片为主反映南京百年近代史的小画册，因为要便览，图片必须精选，文字必须简练。面对近代南京这样一部厚重的史书，要做到简而明之，非有博观约取、厚积薄发的基础不可。好在这个基础在 20 世纪末有了一项可观成就，那就是《南京百年风云》——南京入选全国“五个一工程”奖的第一部图书。这是一部别开生面的历史著作，采用了传统的编年体形式，但文字主体是短小的事件条目，一半以上的版面篇幅是图片，或系于条目相互印证，或系于年代单独传史，可以说是全新的图史类体裁。我有幸参与这项工作，除了编校部分文字外，主要就是处理征集来的全部图片。自那以后，我 20 多年的笔墨生涯都从中获益匪浅，关注、收集、辨识南京的历史影像资料成了我从未间断的兴趣。《南京百年风云》是图史书籍的开创性经典，但大部头著作更适合典藏。南京出版社有意以老照片系列的小开本画册，踵迹经典，普及经典，用新的高品质图片重述历史，用新的高质量印刷弥补缺憾。我作为《南京百年风云》编辑组成员，兼有多年积累，接到卢海鸣社长的邀约义不容辞，唯有挑灯夜战。

《老照片·南京百年影像（1840—1949）》仍采逐年编排的体例，每年只列一两个条目，用以提供背景，串联图片，但不是对《南京百年风云》进行简单的缩编和精编，重点是海选新图，拓展新知，以致敬当年编者的初心，稍带订正一些仓促之失。因此，本书图片大多数不见于《南京百年风云》，极少数沿用的图片也因为更高精度的印刷术提升了画质。此外，由于本书以图片作为反映历史事件的主角，若无合适图片，事虽大也略去不表。由于老照片出现年代较晚，且愈晚近才愈丰富，故本书图片并非都是老照片，也选用了不少历史绘画、老地图和老书刊。

最后，希望这本影像品质更高的小画册，能够为读者浏览南京近代史，带来便捷直观的体验，让读者更易深切感受历史的沧桑巨变，明了城市荣衰和国家、民族命运息息相关，获得面向未来、实现家国梦想的启示。

邓　攀

1840

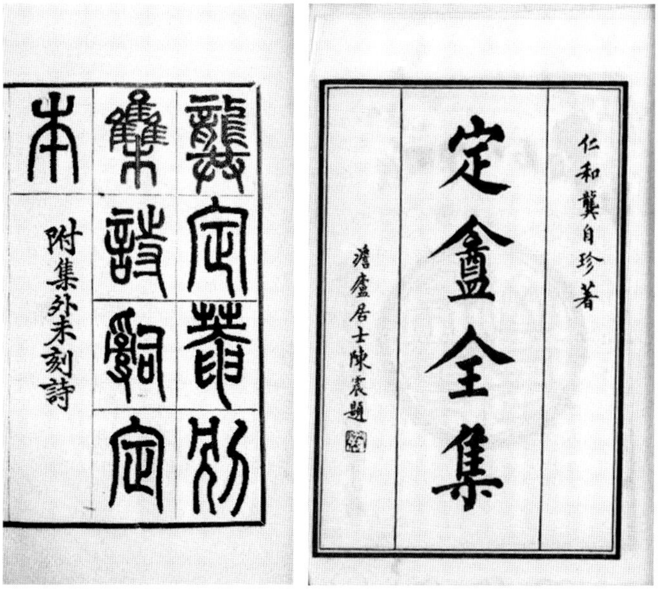

龚自珍《龚定庵别集诗词定本·附集外未刻诗》与《定庵全集》书影

龚自珍叹天涯陆沉

1839 年，负责外交事务的礼部主客司主事龚自珍（1792—1841）因针砭时弊屡遭排挤，愤而辞官，时年 47 岁。本年 6 月，鸦片战争爆发。8 月，英舰侵抵天津大沽口，道光帝被迫同意通商和惩办林则徐。10 月，琦善奉命署理两广总督，与英方谋和，林则徐、邓廷桢则被革职。这时，已南归杭州故里的龚自珍正在南京访友，赋《台城路·客秣陵时作》词，自感“不闻时事”，任天涯“陆沉”，词气萧杀，不胜悲忧。其词曰：“青溪一曲容人住，钟山黯然如睡。败苇滩西，孤枫巷左，有个红泥萧寺。翛然高寄，也无客来寻，苔平屐齿。昼拥单衾，蒋侯三妹梦中至。　　醒来自涤幽想，一筇飞鸟外，十里五里。寒女担菱，枯僧卖菊，俱是斜阳身世。酸吟倦矣。幸掩却禅关，不闻时事。一任天涯，陆沉朝与市。”（1911 年《龚定庵集外未刻诗》）

老照片 南京百年影像

1841

魏源画像

《海国图志》书影

魏源撰《海国图志》

1832年，湖南邵阳人魏源（1794—1857）在南京龙蟠里买地定居，筑草堂三进，堂号“小卷阿”。本年春，入两江总督裕谦军幕，赴浙东前线参与抗英，因不满清廷和战不定，辞归南京。夏，林则徐发配新疆，魏源赴镇江与其晤面，接受其所辑世界地理图书《四洲志》及中外史地材料，受嘱潜心编撰《海国图志》，次年编成50卷，并在南京刻印出版，到1852年增补至100卷。该书详细介绍世界各国史地、政治、经济、兵备情况以及西方科技、宗教、中西历法、天文知识等，成为中国近代史上开眼看世界的划时代巨著，其“师夷”思想对晚清的洋务运动和日本的明治维新产生了重要影响。

1842

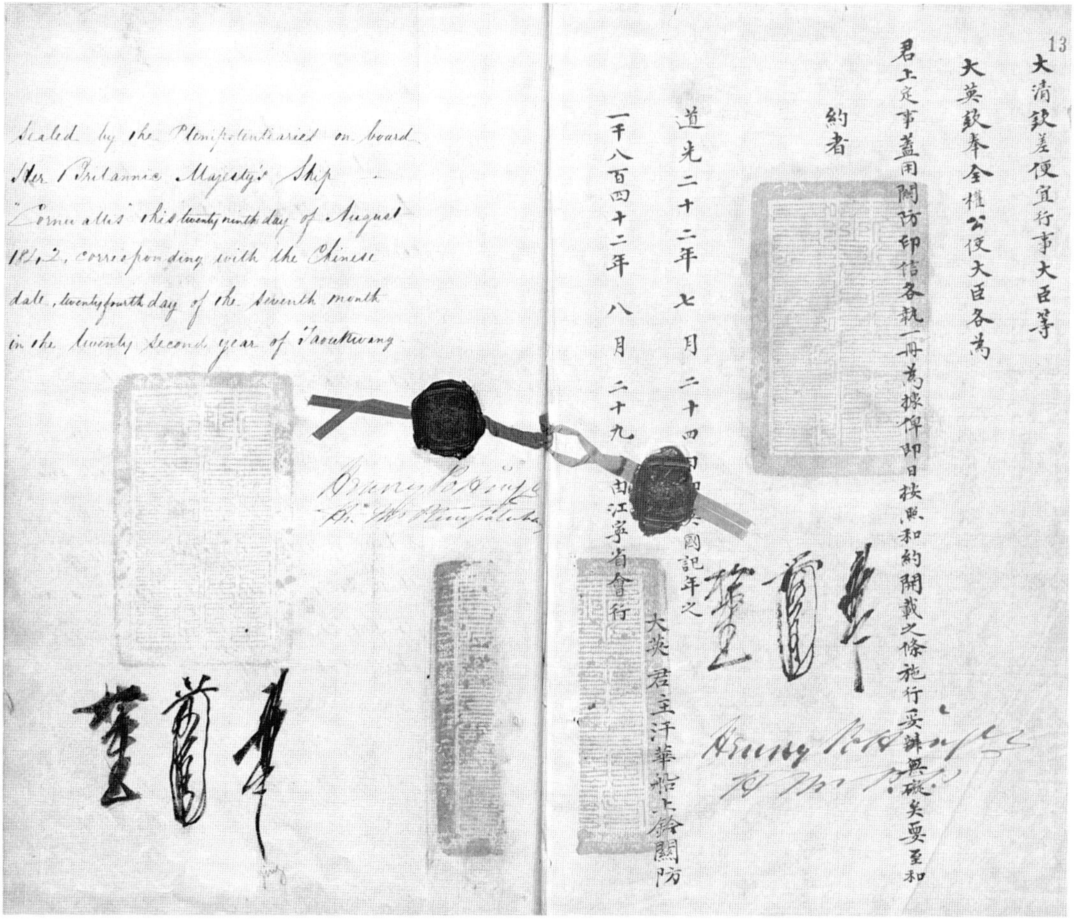

《南京条约》

签订《南京条约》

本年8月4日起，80余艘英舰陆续侵驻下关江面。8月29日，中方代表钦差大臣耆英与乍浦副都统伊里布、两江总督牛鉴被迫登上英舰“康华丽”号（Cornwallis），与英方全权代表璞鼎查签订了中国近代史上第一个不平等条约，中方承诺赔款2100万银圆、割让香港岛、开放通商口岸、双方协定关税等，史称《南京条约》。

世界第一艘远洋蒸汽铁壳战舰“复仇女神”号与其他英国战舰侵入长江吴淞口

“康华丽”号等英国战舰为《南京条约》签署鸣炮（英国海军军官伯吉斯·沃森1844年绘）

《南京条约》签订图（美国麻省理工学院收藏）

耆英画像

璞鼎查画像

1843

叶名琛

叶名琛回籍居丧

本年5月，赴任江宁布政使的叶名琛（1807—1859），由于原籍为溧水柘塘，旋避籍改任甘肃布政使。同年，因其母去世回南京居丧。他的仕宦轨迹从此改变。起复后，授广东布政使，擢广东巡抚，登上外交舞台。1849年，叶名琛与总督徐广缙暗中发动10多万民团阻止英人入城，迫使香港总督文翰同意重定通商专约，因功封爵，很快又升两广总督。1856年，英国借“亚罗”号事件挑起第二次鸦片战争，他勉力交涉力图平息事态。马克思对此发表系列社论，斥责“错误在英国人方面”，称赞叶名琛“令人信服地把全部问题都解决了”，而且表现得“心平气和、冷静沉着、彬彬有礼”。后因抗英策略失误，城陷被扣，被押至英属印度的加尔各答。他一直期盼能面见英王重结和好，故以范仲淹、文天祥等忠义气节之士自励，并自署“海上苏武”，最终因希望破灭，乃效仿伯夷、叔齐绝食而死。

1844

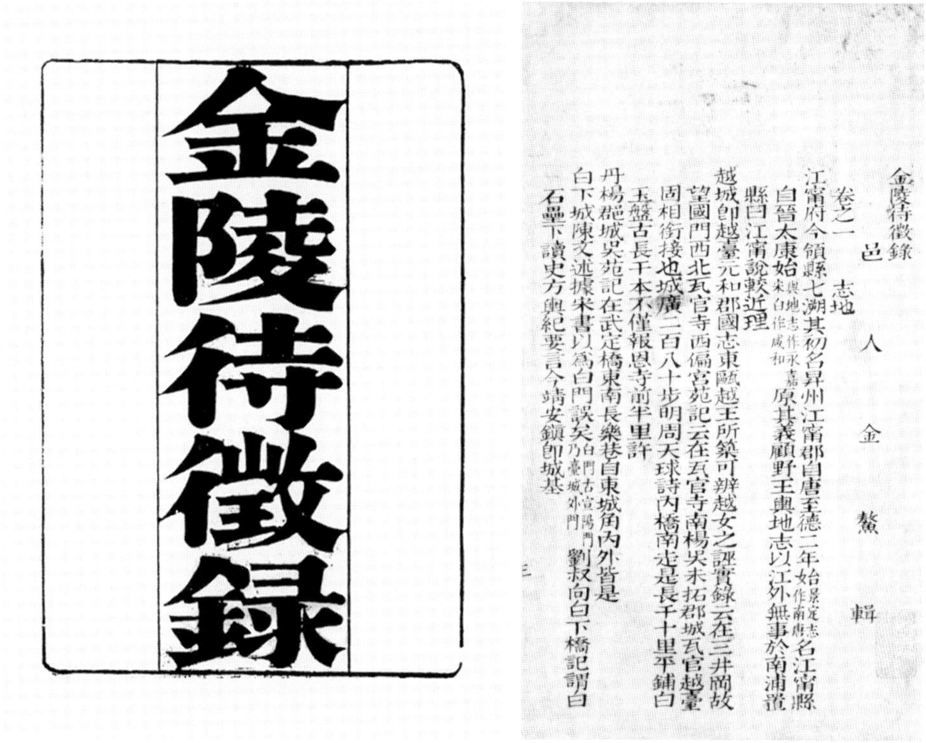

金陵待徵録

邑人金鰲輯

卷之一　志地

江甯府今領縣七溯其初名昇州江甯郡自唐至德二年始（景定志作南唐）名江甯縣自晉太康始（輿地志作永嘉宋白作咸和）原其義顧野王輿地志以江外無事於南浦置縣曰江甯說較近理

越城卽越臺元和郡國志東甌越王所築可辨越女之誣實録云在三井岡故望國門西北瓦官寺西偏宮苑記云在瓦官寺南楊吳未拓郡城瓦官越臺固相銜接也城廣二百八十步明周天球詩內橋南走是長干十里平鋪白玉盤古長干本不僅報恩寺前半里許

丹楊郡城吳苑記在武定橋東南長樂巷自東城角內外皆是

白下城陳文述據宋書以爲白門誤矣（白門古宣陽門乃臺城外門）劉叔向白下橋記謂白石壘下讀史方輿紀要言今靖安鎭卽城基

三

《金陵待征录》书影

金鳌撰成《金陵待征录》

本年，江宁人金鳌所撰《金陵待征录》成书。金鳌，道光年间（1821—1850）贡生。学问博洽，有惜阴书院才子之称。利用金陵著名藏书家朱绪曾等人所藏500余种图书“考据辑纂成编”，前后七易其稿。因刊刻费用太高，他又不愿受人资助，最终删成10卷，次年由外甥章鼎等校订刊行。全书分为《志地》4卷、《志人》3卷、《志事》1卷、《志言》1卷、《志物》1卷。不录生存之人，不采怪诞神异之事，不入讥刺谐谑之词，为近代南京乡邦文献中的经典名作。

襟湖桥和聚星阁（20世纪50年代摄）

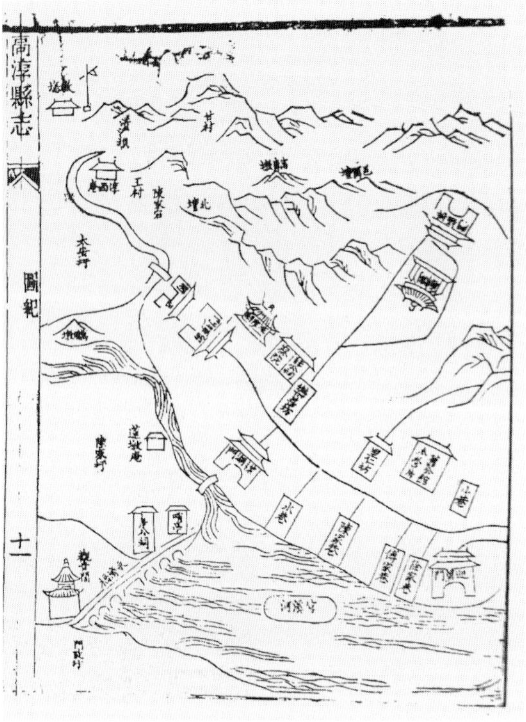

《乾隆高淳县志》地图中的襟湖桥与聚星阁前身——永济桥与观音阁

高淳重建襟湖桥

高淳县城西南的官溪河口原有南北向浮桥，名甘棠渡。明代嘉靖二十年（1541）建为木桥。隆庆六年（1572）改建为七孔石桥，定名永济桥，并于桥南堍建水月阁（又名观音阁）。当时因高淳为“新造之邑，无江山之险、壕堑之固，而仅以官溪河环绕为池”，故建桥、阁“以杀其势而固其防”。本年，桥圮。知县王检心募工重建。次年竣工，又改名襟湖桥。新桥较旧桥更为坚实，桥长77.7米，高14.1米，为高淳第一大桥。同年，王检心又以建桥余款重修桥头水月阁，以供奉文武帝君像，改名聚星阁。1993年，为便利航运和泄洪，拆桥中三孔并为一孔，桥高升至19.1米。

1846

邓廷桢画像

邓廷桢归葬

邓廷桢（1775—1846），南京人。1835 年，升任两广总督。因目睹鸦片危害，由弛禁派转为严禁派。1839 年，与钦差大臣林则徐“共矢血诚”，协作禁烟。1840 年 1 月，调任闽浙总督，仍积极禁烟，并抗击英军。10 月，和林则徐同被革职。1841 年，又同被充军伊犁。1843 年赦回，累任陕西巡抚、署陕甘总督。本年 4 月 15 日，病逝于西安任所。11 月 21 日，归葬南京。墓所在仙鹤门外灵山下的邓家山。

1847

李星沅画像

李星沅就任两江总督

本年，湖南经世派代表人物李星沅（1797—1851）就任两江总督。1849 年，因长子去世，他忧劳成疾，奏请开缺回籍。任内，他主持将江南部分漕粮改由海运输京，筹建江苏外海水师，赈济水灾折银完漕，被清廷倚为江南屏障。

1848

驻上海英国领事馆翻译巴夏礼（1828—1885）

英舰赴宁“投诉”

本年3月，中国近代史上第一起教案在青浦爆发。当时，3名英国传教士违约远行青浦传教，与漕船水手发生冲突。驻上海英国领事阿礼国要挟苏松太道咸龄“惩凶”，同时命令英船停付关税，调动兵舰封锁上海港，禁止首次实行漕粮海运的千艘漕船出口。副领事罗伯逊和翻译巴夏礼乘兵舰“爱司匹格”号（Espiegle）擅闯南京，向两江总督李星沅“投诉”“伸冤”。李星沅为平息事端，同意派按察使倪良耀专办此案。巴夏礼一行13人要求参观大报恩寺塔，遇观者数万，并被愤怒民众投石击伤，在清方枷示人犯后才得以起航离宁。青浦教案最终以清方惩办“肇事”水手、革除咸龄职务告终，但其后患严重，为上海英租界的扩张、内河航运权的丧失开启了屈辱之门。而中方官员一味息事宁人，不敢据理力争，西方列强飞扬跋扈，动辄武力威胁成为外交常态。巴夏礼后升任广州领事，并成为第二次鸦片战争爆发的重要推手之一。

1849

东坝坝基石槽内出土的镇水物——铁牛和铁虾爬虫

东坝决口泄洪

本年夏秋，南京突发百年不遇的特大洪水，城内水深丈余，街衢行舟。7月，宣城圩民因不堪水灾严重，掘开高淳东坝的明代土坝，胥河洪水下泄，致使太湖流域也成为泽国一片。次年，东坝土坝开始改筑为石坝，以上千根木桩承托巨大石条筑为坝底，以砂石、黄土、细沙、石灰、糯米汁混合成"五合土"砌成坝身,以花岗条石砌筑坝顶。全部工程于1851年2月竣工。

1850

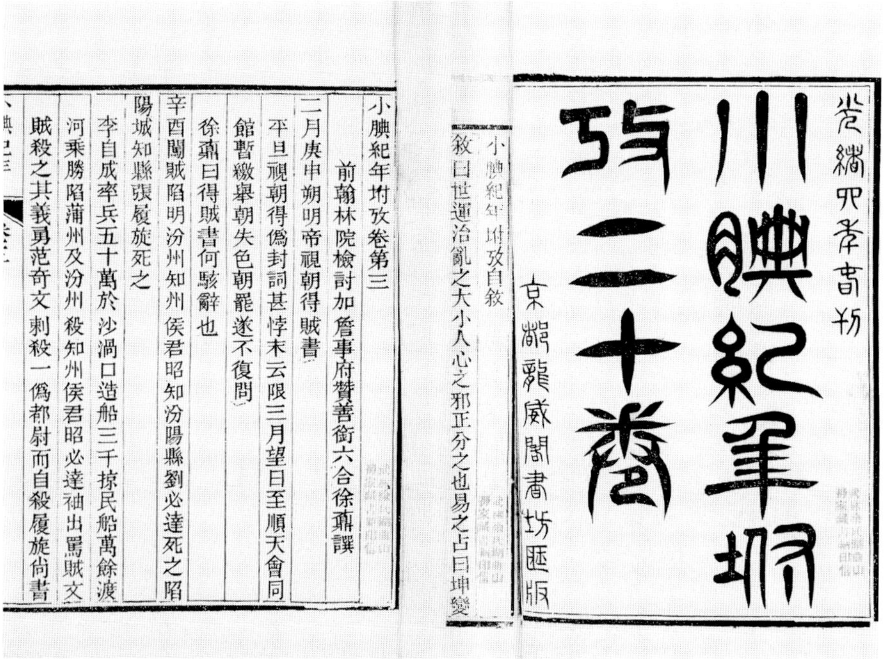

《小腆纪年附考》书影

徐鼒为南明著史

本年，六合籍进士徐鼒（1810—1862），以翰林入清史馆任协修、纂修，遍览南明公私著作，遂仿《春秋》纲目，开始编撰《小腆纪年附考》，专记南明历史。1852年，因父亲去世归籍守丧。正值太平天国革命事起，在籍办理团练。守城之余继续修撰，并以书中史事激励团丁。1858年，奉命回京授职。其同乡弟子汪达利遵嘱缮写成帙，共20卷，于1861年刊行。又编《小腆纪传》未成，至去世仅“草创什一”，其子徐承礼在魏锡曾、傅以礼协助下，根据遗稿整理补撰65卷，并续撰《补遗》5卷、《考异》1卷。两书为南明史经典著作。

1851

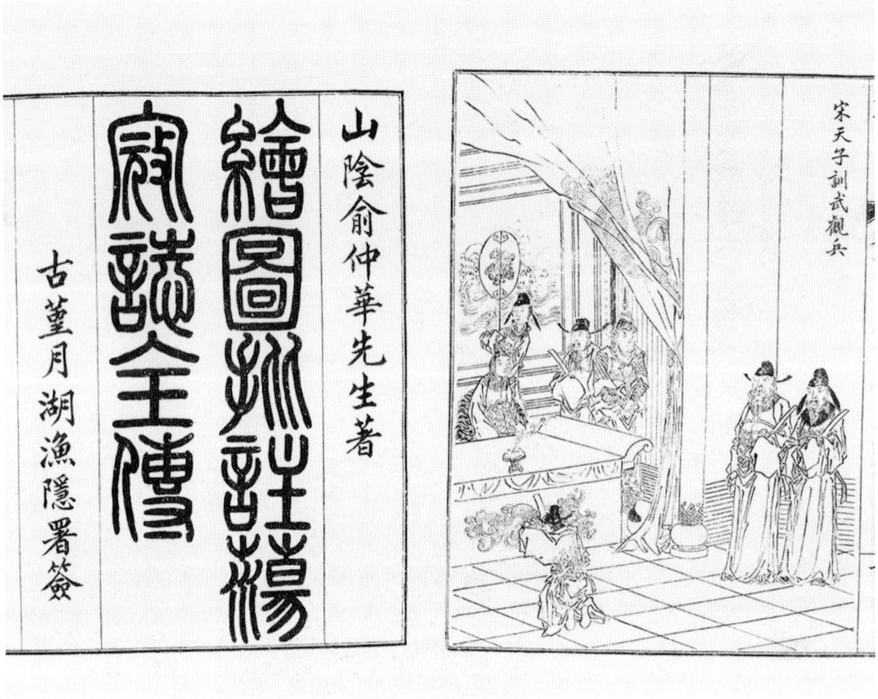

《荡寇志》书影

南京官员出资刊刻《荡寇志》

本年5月，俞龙光将其父俞万春所著《荡寇志》修订成书，邮寄父亲之挚友徐佩珂请其指教。该书为《水浒传》续著，续写金圣叹“腰斩”的70回本《水浒传》，描述梁山好汉最终全被朝廷镇压的故事。当时，洪秀全已在广西起义称王，徐佩珂正在南京为官，从维护清政府统治的角度认为此书“于世道人心，亦当有裨益”，于是“怂恿付梓，并慨然出资以成之”。1853年，本书刊成行世。

1852

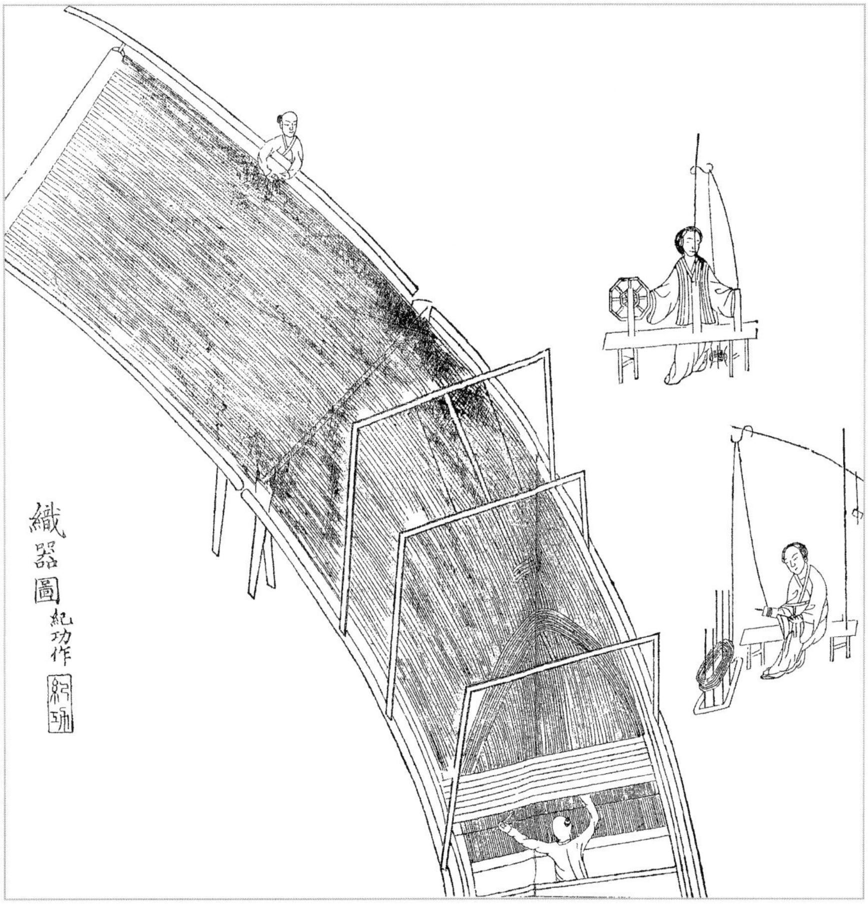

织器图（《凤麓小志》）

南京丝织业繁盛

本年，南京丝织业达到鼎盛期，相关从业者 20 万人，织机总数 5 万台，其中仅缎机就达 3 万台。聚宝门内的门东、门西是机户最集中之处，其他聚集地还有骁骑营、孝陵卫、秣陵关等。缎号承管销售业务，以向机户放款、料或直接收购等方式收罗产品，也有少数自备织机，其中规模最大者拥有织机五六百台。

清代《雍正耕织图》中的提花织绸机

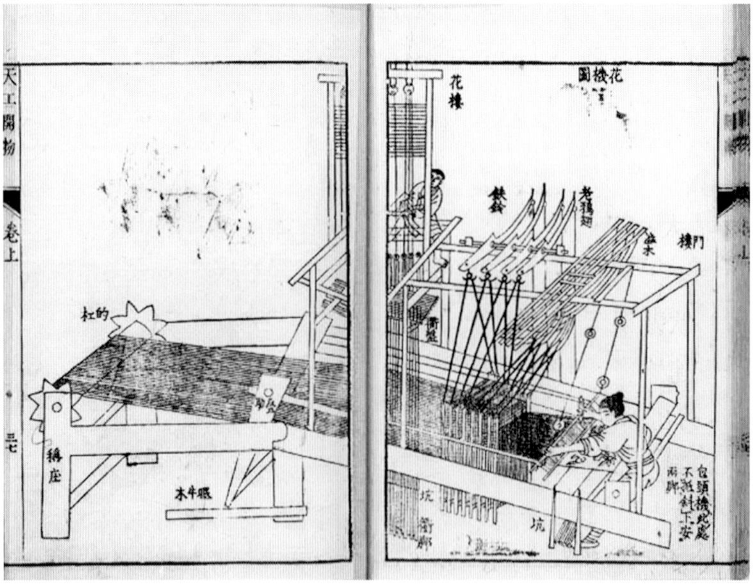

花机图（《天工开物》）

1853

南京的太平军将士（1853年《伦敦新闻画报》）

太平天国定都南京

1853 年 3 月，太平军从武昌顺流而下，占领“人间小天堂”南京，将其定为太平天国都城，改称天京。天王洪秀全以两江总督署为王宫，开始大规模扩建宫殿。当时，尾随而至的清军统帅、钦差大臣向荣在钟山之麓建立江南大营，进逼南京城下。钦差大臣琦善在浦口至扬州一带建立江北大营，防堵太平军北上。为打破围堵，争取战略主动权，太平军先后于 4 月、6 月出师北伐和西征，震撼了清廷统治，扩大了天朝版图。12 月，太平天国颁布《天朝田亩制度》，宣布破除封建土地所有制，实行“凡天下田，天下人同耕”的土地政策，以期建立“有田同耕，有饭同食，有衣同穿，有钱同使，无处不均匀，无人不饱暖”的理想社会。当然因为战争带来的严重粮荒以及政策的空想性，这一革命性制度并未实行。

洪秀全画像（19世纪西方铜版画）

太平天国癸好三年新镌

天朝田畝制度

《天朝田亩制度》书影

天京宫殿（1865年法国《环球画报》）

1854

天国圣宝

发行天国圣宝

1853 年 7 月，太平天国即在南京觅选铜匠，设厂铸钱，因不得其法而暂停。本年 6 月，东王杨秀清在给英国人的诰谕中宣布即将发行“天国圣宝”，取代清朝制钱。不久，在朝天宫（一说评事街）重开钱厂开铸成功，面值分当一、当十、当五十和当百四种。

天京下关附近的城墙及防卫栅栏（1855年《伦敦新闻画报》）

英国人访问天京

访问天京的英国人为英国公使包令所派，目的是了解太平天国现状及长江商业的潜力。其结论是太平军“最后成功和巩固他们自己的力量是可疑的”，建议与清政府谈判修约。

1855

曾水源墓碑

南京太平军士兵（1855年《伦敦新闻画报》）

处决天朝元勋曾水源

曾水源（约1831—1855）本为塾师，参加金田起义，1854年升天官正丞相，理东王府事，是天朝诸王之下的最高官员。不久因在高淳东坝作战失利，一度被打入东牢。本年7月，他被赦免死罪，罢职为奴。8月，东王府女官在杨秀清生病期间私言“东王若升天，而们为官的都难了”，他听见后隐瞒不报，被斩首示众。1859年其墓重修，并立碑题书“天朝元勋”。1953年，南京挹江门内睦寡妇山发现曾水源墓，为迄今国内仅见的太平天国高级官员墓葬。

1856

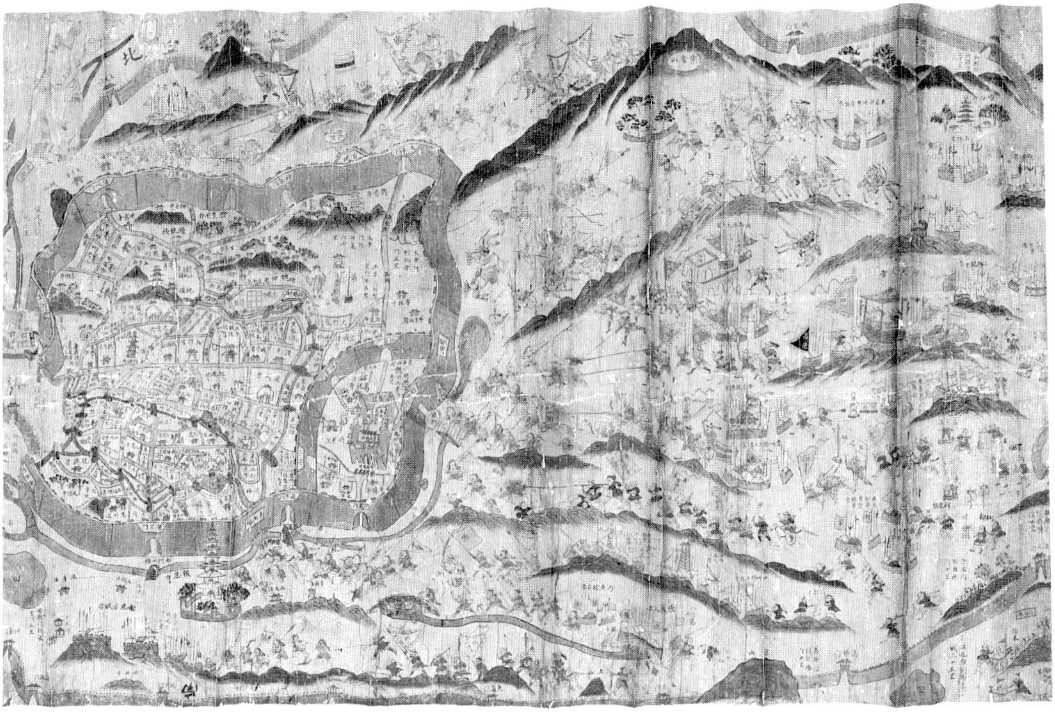

清军江南大营围攻天京图（清末绘）

一破江北江南大营

为解除江北、江南大营对天京的直接威胁，东王杨秀清改变战略，本年1月从皖西调回燕王秦日纲等下援镇江。激战40余日，秦日纲等率军于4月初进抵镇江，随即北渡瓜洲，一举击溃江北大营。江北大营统帅托明阿被革职，清廷改命德兴阿为钦差大臣，重建江北大营。在江南大营统帅向荣分兵协助下，江北要地陆续被清军收复。秦日纲等率军南渡，连破清营，迫使江苏巡抚吉尔杭阿自杀，肃清了镇江西路，返回天京。同时，翼王石达开兵团也由皖南杀回。杨秀清命令天京太平军与秦、石两部会攻孝陵卫，摧毁了江南大营总部。向荣逃往丹阳，不久忧愤病故。

太平军与清军作战（1866年出版的《太平天国革命亲历记》插图）

大报恩寺琉璃塔残存的塔顶覆莲盆（1872年摄）

天京事变

大胜之余，天京爆发严重事变。洪秀全因有人告密说杨秀清欲夺其位（旧说杨秀清逼封其为“万岁”），密诏北王韦昌辉与秦日纲、石达开紧急回京勤王。韦、秦杀了杨秀清后，又大肆屠戮东王属下。石达开劝阻不成被迫出走，结果家人被杀，愤而起兵靖难。洪秀全又组织军民捕杀韦昌辉，召石达开回朝辅政，次年杨秀清也被平反。被西方人视为世界奇迹的大报恩寺琉璃塔不幸在天京事变中被毁。

1857

太平天国翼王夜啸图（民国苏曼殊绘）

石达开出走

太平天国首义诸王之一的翼王石达开在“合朝同举”提理政务后，很快稳定了局势，但首义诸王共治的制度基础已经不存。本年6月，石达开为避杀身之祸率部离京，返回安庆大本营。10月，石达开脱离太平天国，率部转战江西、浙江、福建、湖南、广西、贵州、四川等省。1863年，兵败大渡河，彻底覆没。

1858

1858年11月，天京太平军炮击英舰（1859年《伦敦新闻画报》）

二破江北大营

本年8月，洪秀全恢复太平天国早期的五军主将制，以正掌率总理国事蒙得恩兼中军主将，陈玉成（21岁）为前军主将，李秀成（35岁）为后军主将，李秀成堂弟李世贤（24岁）为左军主将，韦昌辉弟韦志俊（31岁）为右军主将。9月，诸将合力彻底击垮江北大营。次年，韦志俊降清，杨辅清代之。五人相继封王，继洪氏兄弟之外进入领导中枢，成为撑起太平天国后期局面的核心人物。11月，英国特使额尔金因当年6月签订的《中英天津条约》将汉口、九江、镇江、南京等长江各口列为通商口岸，允许英国商船往来，率兵舰4艘入江巡航查看，途经天京时遭太平军炮击，死伤3人，额尔金的住舱也被击中。后英舰自汉口返回时，得到洪秀全赐诏，表达歉意。双方经谈判，太平天国同意经事先通告，英国船只可以在长江航行。

李秀成画像（1866年出版的《太平天国革命亲历记》插图）

英国特使额尔金

洪仁玕画像

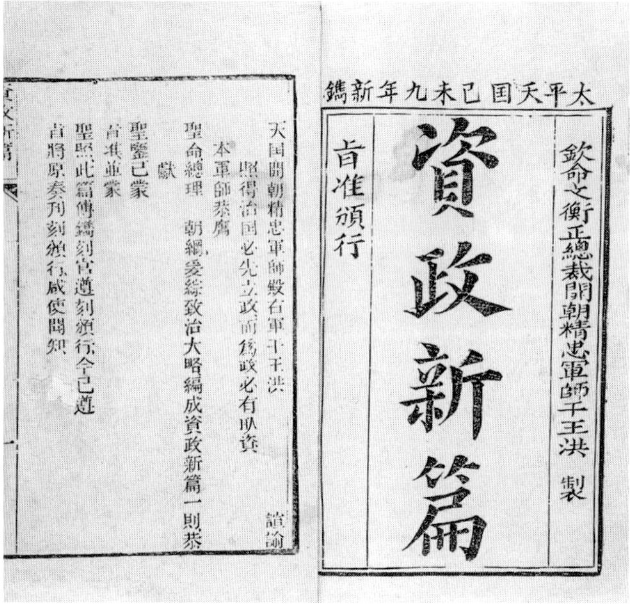

《资政新篇》书影

洪仁玕《资政新篇》颁行

1852年，未赶上金田起义的洪秀全族弟洪仁玕（1822—1864）逃至香港。后受洗成为基督徒，学习西方文化。本年4月，他从香港辗转天京，使天王大喜，一个月内累封至干王，奉命总理朝政。是年冬，他提出全面的治国施政方案——《资政新篇》，分用人察失、以风风之、以法法之、以刑刑之等四大部分，提出治国必先立政，立政之要在“用人”和“设法”。其第三部分内容最详，不仅介绍了英、美、法、俄等国简况，还参照西方制度提出了28条兴革事项，是近代中国最早仿效资本主义国家提出的近代化建设纲领。洪秀全当即下旨颁行，但因战争等原因，此纲领未能真正实行。

1860

忠王李秀成举行军事会议（1866年出版的《太平天国革命亲历记》插图）

二破江南大营

本年1月，李秀成与洪仁玕议定解除天京之围的战略。陈玉成在安徽负责牵制上游湘军，李秀成率兵先后袭占湖州、杭州，调动江南大营分兵援浙。4月，已撤至皖南的李秀成与陈玉成、杨辅清等举行建平会议，决定10余万太平军兵分五路会师天京城下。5月初，太平军发起总攻，数日之内即将经营两年多的江南大营完全摧毁。清军统帅和春与主将张国樑败退至丹阳，太平军乘胜东征，二人先后遭受重创，死于军中。

王 韬

王韬随访天京

本年3月，英国侵华舰队司令何伯率舰抵天京，谈判通商与上海保护问题。伦敦宣道会驻沪传教士艾约瑟、慕维廉同船到访，他们的助手王韬（1828—1897）一同随行。王韬对天京印象良好，曾称赞“城中街市繁盛”，此后他将避难到上海的母亲和妻女送回家乡。次年初，王韬还化名黄畹，建议太平军缓攻上海，经略上游。因书信被清军截获，为躲避通缉流亡香港，他继续从事译书等中西文化交流工作，成为提倡变法的著名学者和报人。

1862

曾国荃画像

曾国荃率湘军扎营天京城下

本年 5 月，曾国藩之弟曾国荃率近 3 万湘军自安庆顺江而下，连克要隘，扎营于雨花台，进逼天京城下。李秀成于苏州召集太平军将领，议决三路回援。10 月 13 日至 11 月 25 日，李秀成指挥 10 万将士从方山到江心洲一线，与湘军连战 40 余日，甚至击伤曾国荃左颊，仍未能攻克雨花台大营。

1863

湘军克复九袱洲战图（19世纪80年代绘）

湘军控制九袱洲

为争夺天京的江北通道，太平军与清军反复在江浦、浦口和九袱洲一带展开拉锯战。其中位于江中的九袱洲与两岸要塞首尾呼应，控扼长江水路和渡江通道，是天京粮运咽喉，位置极为险要，由贡王梁凤超率重兵常年驻守，前英国海军军官呤唎也统领一队外国志愿兵和数门大炮协助守卫炮台。6月，湘军鲍超陆续收复江浦、浦口，刘连捷等水陆诸军连夜环攻，一举占领孤立的九袱洲，夺得大炮数百尊，梁凤超等全军覆没，呤唎妻、友均战死，自己重伤撤至上海。天京水运粮道至此断绝。

1864

湘军攻陷天京图（1886—1887年绘）

天京失陷

至1863年冬，通往天京的粮道基本断绝。湘军一边严防偷运，一边以蚕食策略逐步收紧包围圈。天京全城陷入饥荒，天王洪秀全下令俱食“甜露”（野草蒸煮后制成的菜团）。本年6月1日，因久食此物而卧病半月的洪秀全去世，瘗葬金龙殿下。幼天王洪天贵福即位。7月3日，天京城外最后一处屏障——地保城失陷。19日，太平门城墙被炸坍，湘军冲入城内，至傍晚占领全城。随即大肆屠城并四处纵火，至27日火光始灭。李秀成护卫幼天王假冒清军，从太平门缺口突围。后李秀成因马劣掉队，于方山被俘，留下数万言手书供词后，慷慨就义。

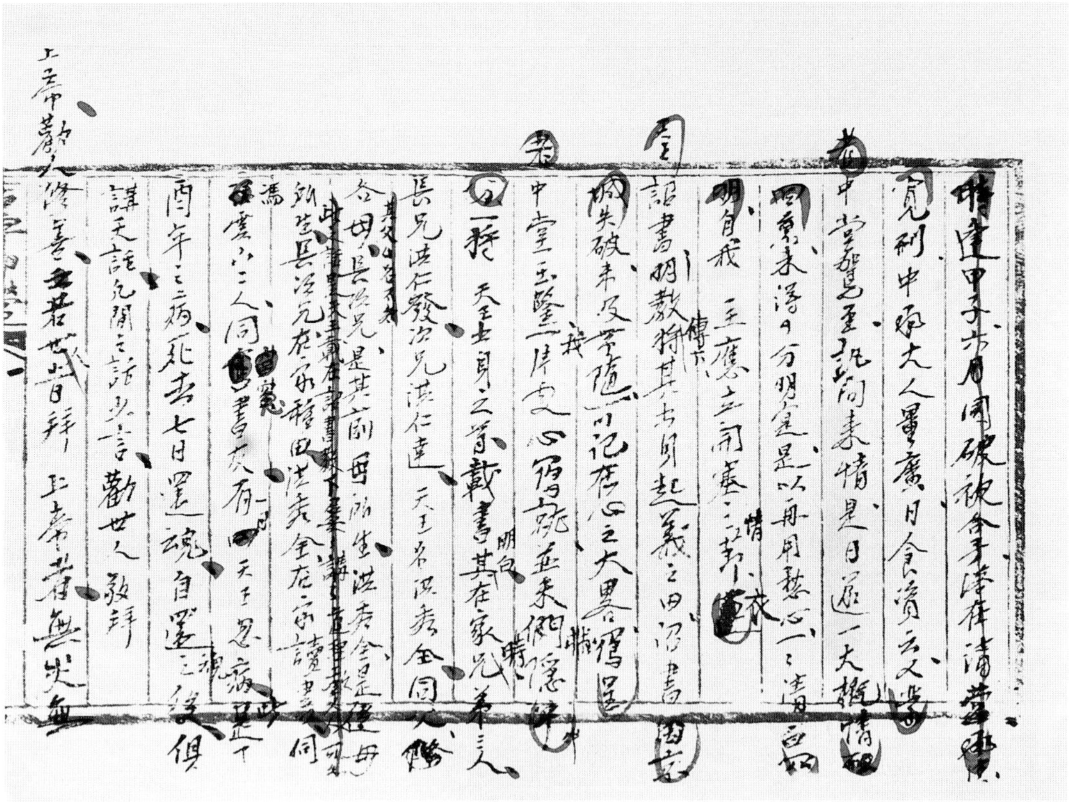

李秀成亲供手迹

1865

金陵机器制造局仿制的英国黑尔（Hale）火箭和法国蒙蒂格尼（Montigny）机枪（1872年摄）

创办金陵机器制造局

本年9月，代理两江总督李鸿章将苏州洋炮局中由英国人马格里（1833—1906）负责的分局迁至南京西天寺故址附近，仍由马格里督办。次年厂房竣工，正式投产，有员工400余人。马格里原为侵华英军军医，后加入淮军任枪炮教练，并入籍中国，取字清臣。在他建议下，李鸿章创办了上海洋炮局（后迁苏州），下设三个分局（分厂）。1875年，因屡次发生死伤事故被撤职，后赴伦敦担任驻英公使顾问。金陵机器制造局经多次扩建，成为全国四大兵工厂之一，成为中国近代军事工业的摇篮，也标志着南京近代工业的起步。

南门外金陵机器局建筑（疑为马格里住宅）（1872年摄）

李鸿章

马格里

1866

徐寿、华蘅芳、徐建寅（右起）

试航机动轮船“黄鹄”号

第一次鸦片战争前后，福建丁拱辰、广东潘世荣等人即已研究、试制火轮船，并编撰了《演炮图说辑要》《火轮船图说》《船机图说》等。1862 年，曾国藩创办安庆内军械所，并组织研制蒸汽轮船，华蘅芳负责绘图测算，徐寿、徐建寅父子等负责船机制造，“全用汉人，未雇洋匠”。1863 年，自行研制的木制小火轮下水试航。1865 年，该所迁南京，改称金陵军械所，继续研制更大的轮船。本年 4 月，长约 55 尺、载重 25 吨的新轮船在下关江面成功试航，成为中国第一艘自行设计、制造并投入使用的机动轮船，被曾国藩命名为“黄鹄”号。

1867

江宁布政使司署西花园（1890年摄）

重修江宁布政使司署

瞻园为徐达十世孙魏国公徐弘基所创，清代为江宁布政使司署西花园，“竹石卉木为金陵园亭之冠”，乾隆南巡时曾驻跸园中，题诗书匾，后在北京长春园内仿其制建“如园”。太平天国东王杨秀清、国舅赖汉英、幼西王萧有和等先后在此设府邸。清军收复南京后，因旧署毁于战火，江宁布政使李宗羲“莅事无所，假馆以居”，于本年始葺治使署，次年开始修复瞻园，但仅仅是“因其水石之旧”，清理了杂草，修复了榭、亭。其继任者梅启照继续全面整修，历时 8 年才重建完工。

1868

蒲安臣使团（1869年法国《世界画报》）

中国近代首个外交使团来宁

前美国驻华公使蒲安臣接受清政府委派，作为清国全权使节（即钦派办理中外交涉事务大臣）率中国近代史上第一个外交使团出访欧美。本年1月，蒲安臣从上海离境前专程赴南京，拜见两江总督曾国藩。同年，使团在美国签订《中美续增条约》（又称《蒲安臣条约》），为数年后中国首次官派幼童留美学习提供了依据。1870年，蒲安臣在出使俄国时病逝。

1869

武庙建筑群（清末民初摄）

重建府学、文庙和武庙

清代江宁府学位于鸡鸣寺的明国子监旧址，太平天国时期改为宰夫衙，用于“椎牛屠狗”。为免腥秽之气，战后重建时，改为关帝庙，恢复明代武庙旧制。府学、文庙则在冶城山朝天宫旧址上重建。候补道桂嵩庆具体负责工程建设，1865 年开工，先后经历李鸿章、曾国藩、马新贻等三任两江总督，至本年始完工，曾国藩亲撰《江宁府学记》。府学、文庙建筑群与武庙建筑群规模宏大、气势雄伟，一直沿用至今。

桂嵩庆

文庙大成殿（1888年摄）

1870

容　闳

确定幼童留学美国方案

《蒲安臣条约》签订后，耶鲁大学毕业的容闳时以候补同知衔任江苏巡抚丁日昌译员，立即建议奏请派遣赴美留学生。本年，他又向曾国藩提议官费留学事宜，得其大力支持，并与李鸿章会奏获批。陈兰彬、容闳分任幼童出洋肄业局正、副委员。11 月曾国藩回两江总督任，随即召容闳赴南京，议定了具体方案，决定派遣 120 名学生出洋留学 15 年、实习 2 年。从次年至 1875 年，120 人全部如期出国，成为中国历史上第一批官派赴美留学生，他们大多在后来中国的近代化进程中做出了重要贡献。

1871

两江总督署西辕门（1889年摄）

两江总督署重建启用

原两江总督在太平天国时期改建为天朝宫殿，清军收复南京时大部被焚毁，时人何绍基曾感叹“十年壮丽天王府，化作荒庄野鸽飞”。原太平天国英王府（今升州路 338—360 号）、江宁府署（曾为太平天国忠王府，今府西街第一中学校址）、盐巡道署（曾为太平天国南王府，今建康路 181 号）先后用作两江总督署。本年 12 月，两江总督曾国藩迁入在原址新建的督署，新署有房 1189 间，规模“极宏壮”。

两江总督署西花园（1889年摄）

1872

曾国藩

曾国藩病逝

3月12日，迁入新督署仅70余天的两江总督曾国藩（1811—1872），在西花圃散步时又犯脚麻症，由其子曾纪泽扶回书房端坐仅三刻，即去世。清廷为此辍朝三日，并追赠太傅，谥文正，入祀京师昭忠、贤良祠，在湖南原籍和南京建造专祠。曾国藩力挽狂澜，镇压了太平天国革命，又推动了中国近代化进程，被誉为晚清中兴第一名臣。梁启超赞他："岂惟近代，盖有史以来不一二睹之大人也已；岂惟中国，抑全世界不一二睹之大人也已。"毛泽东也称其："愚于近人，独服曾文正。"

约翰·汤姆逊

南京首批照片诞生

英国摄影师约翰·汤姆逊在 1874 年出版的《中国与中国人影像》一书中曾提及曾国藩去世一事。本年，他正因李鸿章的介绍赶赴南京为其拍照，抵达后才得知噩耗，但他借此机会给南京留下了最早的一批珍贵照片，内容包括大报恩寺遗迹、明孝陵神道石像、金陵机器制造局等。

约翰·汤姆逊拍摄的鼓楼石板路（1872年摄）

约翰·汤姆逊拍摄的南京南门外景象（1872年摄）

1873

损毁的明孝陵碑亭（清末摄）

修补明孝陵

太平天国时期，明孝陵成为双方拉锯的战区，陵区建筑遭严重破坏，殿、亭、厦门、屋宇、墙垣“无不倾毁”。两江总督曾国藩奉旨札饬金陵善后总局“估勘修理”，后经实际测算仅工料即“需银二十余万”。当时全城百废待兴，工程只能暂缓。1872 年，因孝陵围墙倒塌，位置又邻近牧马厂，为防马匹践踏，本年紧急启动兴修工程，修成守陵平房三间，又补葺外围墙、栅栏门等，并作路墁、竖碑。

明孝陵石人（1872年摄）

明孝陵石象（1872年摄）

1874

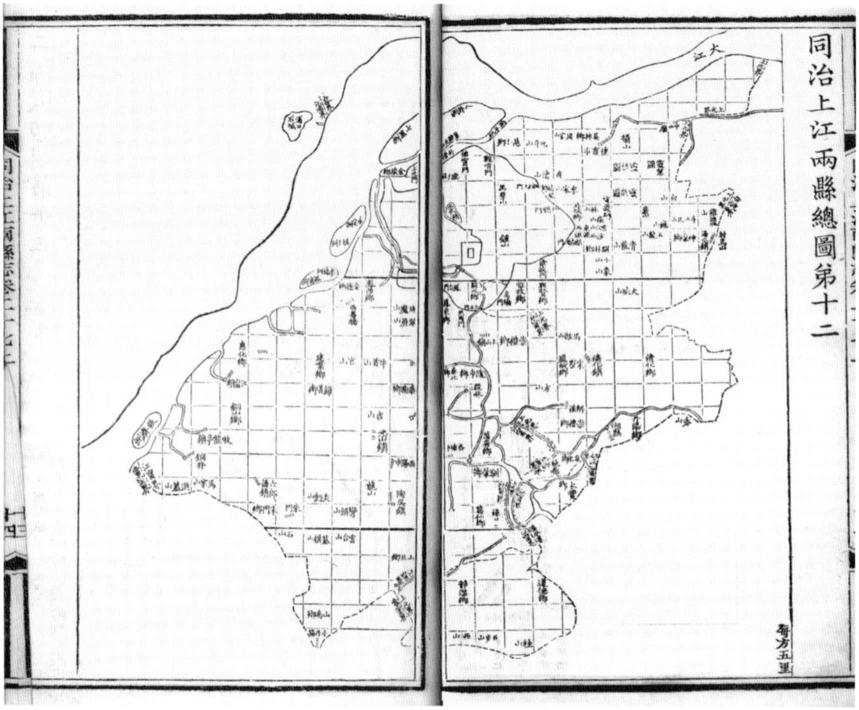

《同治上江两县志》书影

刊行《同治上江两县志》

上元、江宁两县同城而治，山川交错，风物相近，因此署上元知县莫祥芝、署江宁知县甘绍盘决定修纂合志。本年，《同治上江两县志》刊行，正文与附录共 29 卷。这是南京历史上唯一一部两县合志，也是两县在清代编撰的最后一部县志。汪士铎、秦际唐、陈作霖等方志名家、文章高手都被延揽入局，参与编修，故该志体例精详、文章尔雅，有“近代良志”之誉。该志不仅辑录历代文献，也重视实地采访，详细记载了南京战后重建历史，并特创《咸丰以来兵事谱》以记录太平天国战事，还通过《忠义谱》《贞烈谱》，收录了近万名在这场战争中遇难的士民姓名。文生吴崧庆所绘地图史地研究价值很高，其精确翔实程度都达到了南京古方志地图绘制史的巅峰。

老照片 南京百年影像

1875

刘铭传

刘铭传呼吁变西法

第二次鸦片战争后，因通商口岸增加，清廷分设南北通商大臣办理洋务。南洋大臣衙门初设上海，1868 年迁南京。1873 年，由两江总督例兼南洋大臣成为定制。南京成为推动南方洋务运动的策源地和湘系、淮系洋务派人士的聚集地。被革职赋闲的淮军大将、原直隶提督刘铭传（1836—1896）长期在江南游历，并在南京秦淮河畔建造私家河房，称刘河厅。本年，他在南京闲居时推崇洋务，倡言变法，曾在河厅酒宴上大呼“中国不变西法，罢科举，火六部例案，速开西校，译西书以厉人才，不出十年，事且不可为矣！”中法战争爆发后，刘铭传被起用为督办台湾事务大臣、福建巡抚，抵抗法军侵略。1885 年台湾建省，他成为首任巡抚，开启了台湾的现代化建设历程。

1876

明故宫宫城西南角（清末摄）

重修驻防城

清代，以明故宫为八旗驻防城，对这一宏伟宫殿建筑群造成了首次大破坏。1684 年，康熙第一次南巡时以驻防城内的江宁将军署为其驻跸的行宫，曾作《过金陵论》，感叹巍峨的明故宫已是“颓垣断壁”。1699 年，他又下旨拆“金陵旧殿”用于赐建普陀山法雨寺。持续 10 多年的太平天国战争，使明故宫残余建筑再遭巨大破坏。战后，重建驻防城，至本年陆续修建了江宁将军、都统衙署及 2500 余间兵房，重修了城内道路和桥梁。至 1879 年，合计建成的官署兵房也仅及原额 10837 间之半数。以后，江宁驻防城再没有大规模建造新房的记录。

驻防城建筑（1888年摄）

明故宫午门（1888年摄）

捕蝗图（清末绘）

军民齐捕蝗

19 世纪 70 年代中后期，中国北至辽宁、南到江淮的大片区域因连年大旱遭遇“丁戌奇荒”，全国约半数人口受灾，上千万人死于饥荒和瘟疫。本年夏，南京继旱灾后又爆发蝗灾，江北飞蝗侵袭全境。江宁县丞奉命设捕蝗局于署中，上元县丞署设分局。驻宁部队还奉总督令协助捕蝗。为动员军民还设立了奖励制度，掘送蝗虫产于土中的虫卵——蝻子，军人每斤可得 40 文，乡民可得 60 文，稍长的蝗蝻和成虫价格依次递减。捕蝗局至年底撤销，次年 3 月至 7 月因蝗灾再起而重设。直至旱情缓解，这场超级蝗灾才消失。

1878

孙衣言画像

孙衣言积谷备荒

丁戊奇荒爆发后，大批江北灾民入境，南京官民一方面在江北就地设厂安顿，一方面在江南设粥厂煮粥救济过江难民。同时，积极筹粮应对灾荒。江宁布政使孙衣言于1877年开始在汉西门外牌楼大街增建虎贲官仓，本年冬又筹银10万两，积谷1000万升，分贮于虎贲仓的新旧十八廒中。六合、高淳、溧水等江宁府属各县也纷纷扩建仓廒，积谷备荒。

1879

沈葆桢

沈葆桢病逝

1875 年 8 月，林则徐外甥兼女婿、福建侯官人沈葆桢（1820—1879）任两江总督兼南洋大臣。曾主办福建船政局、创建了中国近代第一支新式舰队，并抵御过日本侵台的沈葆桢非常重视海防力量，立即组建南洋水师，以上海、南京为驻泊基地，取代长江水师。经过数年经营，至中法战争前南洋水师已有 17 艘军舰，总排水量达 2 万吨。在两江总督任上，沈葆桢积极有为，整理轮船招商局，整顿盐务，推行海运，修堤开荒，捕蝗积谷，恢复江南农业。本年 12 月，病逝南京。清廷追赠他为太子太保，谥文肃。

1880

續纂江寧府誌
光緒六年冬刊

《续纂江宁府志》书影

《续纂江宁府志》

1879 年，江宁布政使孙衣言、代理江宁布政使桂嵩庆等动议修纂江宁府志。本年，近 70 年前嘉庆时期姚鼐主纂的《新修江宁府志》重刊。两江总督刘坤一命江宁知府蒋启勋续纂府志，旋由赵佑宸接任知府，继为主纂。次年书成刊行，共有 15 卷，是南京最后一部府志。修志总纂为江宁名士汪士铎，分纂秦际唐、甘元焕、陈作霖等 12 人，基本都是上元、江宁籍“鸿儒硕士”，大多参与过上江两县志的编修。由于是嘉庆志的续纂，因此省略了沿革、山水等，重点记载南京战后恢复重建情况，以及太平天国战争中死难官民的事迹、姓名。首卷 7 幅府县地图仍由吴嵩庆绘制，标有府县边界、道路等，以“图说”述疆域。全书内容质量和史料价值都很高，被《续修四库全书提要》称赞“取舍皆有意义，老成典型”。

1881

浦口中敌台

重修浦口城

明万历年间，因江水北徙，浦口城墙南北尽圮，遂改于城中浦子山顶峰踞山筑城。城上有敌台五座，居中者最大，台基高丈余，下有石券，可纵横通行。台上有楼三楹，巍峨壮丽，俯仰江天，号称浦口第一名胜。太平天国战争中，浦口为双方拉锯的重要战场，城墙残破不堪。本年，重修浦口城，中敌台也得以恢复。因山底有洞，深不可测，传说为韩信藏兵洞，中敌台也附会为韩信点将台。作为高踞江滨的雄伟建筑，中外游人乘船经过时都会瞩目这一江上名胜。清末民初，日本诗人永井久一郎的《淮阴侯练将台》、前田慧云的《浦口望韩信台》便是游历至此留下的诗篇。

1882

下关（1888年摄）

南京首座轮船码头建成使用

19世纪60年代，下关港口开办了轮船客运业务，因清廷担心南京成为通商口岸，禁止设立轮船码头，因此旅客上下轮船皆通过小木划来回驳运。本年8月，来南京参加乡试的士子乘坐小木划时不慎溺毙多人。南京士绅纷纷上书两江总督左宗棠要求从速建设码头。左宗棠同意设立趸船式浮码头，但要求呈文只能称其为“功德船”。该趸船和木栈桥由基本控制了南京港客运业务的轮船招商局出资承办。10月，南京历史上第一座轮船码头建成投用。1895年，下关建成第一座官办的轮船公用码头，航运交通设施得以进一步改善。

左宗棠

下关码头，远处为功德船和木栈桥（1888年摄）

1883

金陵医院（1910年摄）

南京首家西医院开业

同治、光绪年间，基督教各派陆续进入南京传道，为扩大影响还积极创办教育、医疗等社会事业。美国基督教美以美会传教士哈佛格在汉西门黄泥巷兴建金陵医院（Philander Smith Memorial Hospital），本年开业（一说1885年开办），是近代南京第一家西医院。1885年，来华不久的美国西北大学医科博士比毕（1850—1928）以会友身份转至南京主持院务。至1910年，医院累计接诊50余万人次。比毕不仅是著名西医，还于1886年创办了南京最早的西医学校，1915年转至上海任中华基督教博医会总干事。

1884

九龙桥（明信片）

九龙桥边建成中国首家洋火药局

九龙桥为通济门外的跨壕大桥，西邻东水关。桥有五拱，明代始建。桥南为中国第一家以机器制造火药的专厂——金陵制造洋火药局。该局为两江总督刘坤一奏建，孙传樾任总办，通过德商瑞生洋行转托英商黑鲁洋行从英国代购全套机器，并由洋行的波列士哥德设计和监造，1882 年 7 月开工，本年 5 月竣工投产，日产黑火药 1000 磅。为便于运输，还疏浚引河，修筑码头，并于本年重修了九龙桥。

1885

薛时雨画像

薛庐（清末明信片）

教育家薛时雨辞世

晚清著名词人、教育家薛时雨（1818—1885），字慰农，安徽全椒人。1853年进士。太平军兴，入李鸿章军幕。历任至杭州知府，掌浙江粮储道。后辞官，受浙江巡抚马新贻之聘主讲杭州崇文书院。1869年，马新贻调两江总督，邀其主持金陵尊经书院，后又主讲惜阴书院。他提倡经世致用，学生取科第者数十人，陈作霖、邓嘉缉、顾云等“石城七子”和张謇等皆出其门下。1880年，众弟子集资为其在乌龙潭筑薛庐，后扩为别墅，依山傍水，园景超卓，一时名士纷纷作记。本年，薛时雨于薛庐辞世。之后，薛庐作为金陵名园仍盛名不辍。

1886

金陵机器局（1889年摄）

徐建寅主持扩建金陵机器局

1883 年至 1885 年的中法战争，进一步刺激了中国近代军工业的发展。本年 2 月，两江总督曾国荃奏请扩建金陵机器局并调徐建寅担任机器局会办，获批。至次年 5 月，扩建完成，并添购美国机器 50 余台。至此全局已有 5 座机器厂以及火器厂、翻砂厂、熟铁厂、木作厂等。徐建寅（1845—1901）主管技术，短短数年间设计建造了中国最早的铸钢炉，掌握了铸钢技术，并研发了西式后膛抬枪，仿制了克虏伯纯钢后膛炮、马克沁重机枪（又称赛电枪）等先进武器。

徐建寅

金陵机器局仿制的马克沁重机枪（1891年《点石斋画报》）

老照片 南京百年影像

1887

沙德纳

沙德纳创办教会女校

1884 年，基督教北美长老会李满夫人在汉西门内四根杆子（今莫愁路）创办了南京第一所女子学校——明德书院(今南京市女子中等专业学校前身),开办 3 年招收学生 7 名。本年 5 月,美以美会女布道会传教士沙德纳从芜湖携幼女 6 名到南京估衣廊,创办女子小学,名畲清女塾，又称沙小姐学堂、女布道学堂。1899 年添办中学，1902 年改名汇文女学校，小学部改为附设畲清女校。民国时，汇文女学校称汇文女子中学，畲清女校先后称畲清小学、汇文女中附小，分别是今人民中学和南京市红十字会小学前身。

汇文女子中学（1934年摄）

汇文书院（清末摄）

创办汇文书院

外国教会在南京的教育事业最初主要从创办女校入手，因为女童的公共教育当时是空白。1887 年，清廷颁诏在科举考试中增设算学科，内容包括格物测算、机器制造、公法条约、各国史事等。这给教会扩大办学提供了机遇。本年，美以美会传教士傅罗在干河沿创办汇文书院，设圣道馆（神学）、博物馆（文理科），聘请美国波士顿大学毕业生福开森担任院长。这是南京第一所可以教授高级科学课程的西式学校，其英文名即定为“The Nanking University”。最早的校舍为一幢主体为三层的洋房，其中钟楼为五层，后为陆续添建礼拜堂、图书馆、东西课楼、宿舍等。1890 年设中学部（成美馆），1892 年分大学堂、高等学堂、中学堂、小学堂四级教学，1896 年增设医学馆。汇文书院在清末教会学校中声誉卓著，时人称其不仅“冠绝东南”，“实侨居中国人士所组织教育事业而首屈一指者也”。

1889

大钟亭（左图1890年摄；右图清末民初摄）

建成大钟亭

南京钟楼始建于明洪武十五年（1382），位于鼓楼西侧。明初，除了楼中悬挂的鸣钟外，工部还先后铸造立钟、卧钟各一口，分别位于钟楼前和府军卫后岗（今傅后岗）。清康熙年间钟楼倒塌，其钟亦毁。独存卧钟，重约23吨，俗称“倒钟厂”，太平天国时期欲将其火化而不能毁。本年，江宁布政使许振祎用起重机吊起卧钟，由金陵机器局造铁梁铁柱用于悬钟，建亭覆之，称大钟亭，门首题额“元音再起”。该钟为国内罕见的古代巨钟之一，叩之可声闻数里。大钟亭的建设堪称中国最早以现代工业文明的技术保护和展示文物的实例之一。

1890

江南水师学堂师生合影（1896年摄）

江南水师学堂开学

1885 年，因中法战争海战惨败，两江总督曾国荃建议仿照英国规制，在下关设立水师学堂。本年，根据沿海各省广设水师学堂的饬令，曾国荃奏准在城北仪凤门内设立江南水师学堂，桂嵩庆兼任总办，英国剑桥大学毕业的沈敦和任洋文正教习兼提调，负责拟定章程和具体筹办事务。10 月，学堂建成开学，成为南京第一所新式军校。11 月，曾国荃病逝。学堂初设驾驶、管轮两科，定额各收 60 人，入学年龄为 13 岁至 20 岁，须有三四年英文学习基础。学堂实行双语教学，每周英文授课五天、汉文授课一天。1909 年更名为南洋海军学堂，民国时改为海军军官学校。民国时期的海军部长陈绍宽、海军第一舰队司令陈季良等都毕业于该校，但其最知名的校友莫过于鲁迅兄弟。

江南水师学堂的操练桅杆（1896年摄）

江南水师学堂提调沈敦和

1891

祈泽寺（1910年绘）

重建祈泽寺

祈泽寺，始建于南朝宋少帝景平元年（423），为六朝古刹。寺址位于青龙山余脉，旁有一池，祷雨有灵。其地历代诗名颇盛，“祈泽池深”先后名列明金陵四十景、清金陵四十八景之一，北宋名相王安石、明代理学大家湛若水、明代金陵四大家之顾璘、清代名臣曹寅等都曾造访题诗，乾隆皇帝也作过《寄题祈泽寺》。本年，该寺重建，有金刚殿三间、正佛殿五间、左观音殿三间、钟楼一座、右地藏殿三间、龙王殿两层共六间、僧院三房。

1892

金陵詩徵

《金陵诗征》书影

编成《金陵诗征》

清代金陵藏书家朱绪曾以毕生之力选辑 1000 余名诗人之作，编成《金陵诗征》92 卷。陈作霖受其子朱桂模之托为其募资刊印，冯煦、甘元焕等 35 名金陵文士一道参与，先历时 10 年编校、缮写遗稿中的清代部分，于 1887 年刊刻《国朝金陵诗征》48 卷，并群集盋山薛庐举行祭诗大会，翁长森主持并招工绘成《盋麓祭诗图》。本年,《金陵诗征》前 48 卷也编校完成,由翁长森刊印。陈作霖又联合秦际唐等人再辑《续金陵诗征》(又称《金陵诗征续》等) 6 卷并首 1 卷，1894 年刊成。

1893

基督医院实景（19世纪末摄）

基督医院开业

1886 年，英国基督会派加拿大人马林（1860—1947）担任该会第一位驻华教医，到南京开设诊所。1887 年来宁的美国基督会传教士、基督书院院长美在中见诊所条件简陋，遂协助募资，德商瑞记洋行买办景维行又捐鼓楼地 50 亩，景夫人和下关庄效贤等积极捐款，于 1892 年建成假四层楼房一座，定名基督医院。因马林任院长，民间习称该院为“马林医院”。本年 3 月，医院正式开业，收治病人。该院后为金陵大学附属医院，1914 年起称鼓楼医院。

马　林

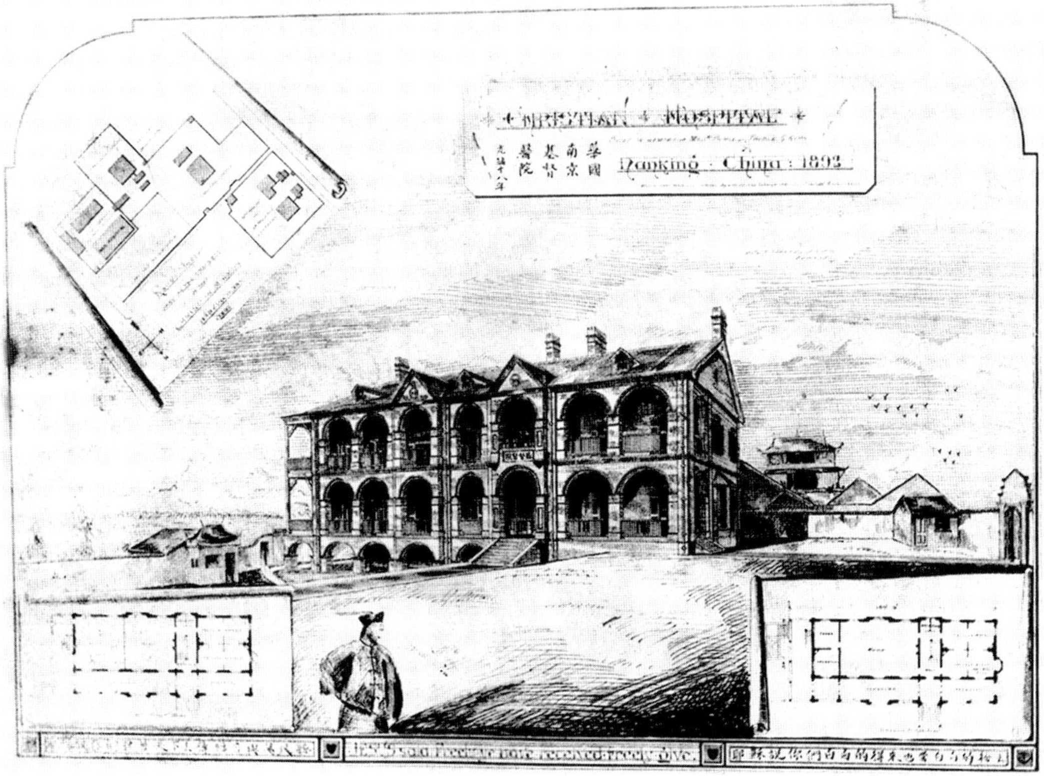

基督医院设计效果图

张之洞

张之洞代理两江总督

11 月，因中日甲午战争爆发，两江总督刘坤一奉命北上抗日，由湖广总督张之洞（1837—1909）代理两江总督。张之洞上任后，积极备战，加强长江防务，在南京修建了大批炮台，以黎元洪为江宁炮台总教习，并创建新式陆军——自强军，聘请德国军官担任练兵顾问，不顾朝廷反对援助台湾抗击日军。同时，他建议和策划筹建江南储才学堂、江南陆师学堂，倡筑沪宁铁路，委派外国工程师分段勘察。下关交通枢纽地位得到加强，设立了第一个官办的公用轮船码头——接官厅码头，修筑了第一条新式马路，大大改善了从下关码头进城的交通条件。1896 年 1 月，刘坤一回任。虽然，张之洞在南京仅仅一年两个月时间，但开启了南京城市加速发展的进程。

鼓楼马路与黄包车（清末摄）

自强军与德国教官

1895

惠民桥（约1895年摄）

修筑江宁马路

近代以来，轮船的出现使得下关成为南京对外交通最重要的口岸。但从下关到城内的10余里城区道路皆为土路，仅个别路段铺有窄长条形状的石板，通行极为不便。本年，张之洞任命淮扬海兵备道桂嵩庆为工程总理，下令参照上海租界马路的技术标准，修筑江宁马路。这是南京近代道路修筑的起点。马路始于下关江岸，经惠民桥、仪凤门、鼓楼，直到总督署，路面铺设砂石，个别路段为木块，可通行马车和黄包车。其中惠民桥为西式活动桥，可打开桥面，以航行大船。

1896

江南陆师学堂西式楼（1897年摄）

创设江南陆师学堂

张之洞代理两江总督期间，奏准在南京仿照德国营制编练自强军。本年 2 月，为给新军造就将才，他又奏准筹拨经费，于省城仪凤门内和会街创设江南陆师学堂，附设铁路专门学堂。学堂延聘德国军官骆博凯等担任教习，每期 3 年，学额 150 名，分设马队、步队、炮队、工程队等 4 门学科。到 1909 年停办，学堂前后开办 4 期，毕业学生 466 人。该校受清末民主思想影响颇深，赵声、章士钊等许多学生成为革命党人。

学堂官员与德国总教习骆博凯（右六）（1898年摄）

江南陆师学堂学员合影

1897

杨仁山

1897年，谭嗣同（中）与9岁侄儿谭传炜及其私塾老师邱惟毅在南京利涉桥的二我轩照相馆合影

谭嗣同撰《仁学》

1896年8月，曾捐江苏候补知府的谭嗣同（1865—1898）赴南京候缺，同时闭门读书养心，其间特拜创办金陵刻经处的杨仁山（1837—1911）为师，研修佛学，尤擅华严精义。本年1月，他花费半年时间将经世佛学思想杂糅于中西学说，撰成其哲学代表作《仁学》，从哲理层面倡导维新变法。此外，他与杨仁山等人还共同创办了金陵测量学会，成为南京首家研究现代科技的学术团体。

1898

在日本留学时的鲁迅

鲁迅南京求学

5 月，因家道中落，鲁迅（1881—1936）听从母亲安排，考入不收学费的江南水师学堂。不久因不满学校里的“乌烟瘴气”，于 10 月考入邻近的江南陆师学堂附设矿路学堂。该学堂仅招收一期，学生 24 名。鲁迅学习刻苦，成绩名列前茅，课余大量阅读中外书籍，并练习骑术与同学结伴驰骋城郊，还专门刻了印章“戎马书生”以明心志。总办俞明震非常器重这位同乡学生，待其 1902 年以优等成绩毕业后，将其公派日本留学。在南京近 4 年的学习生涯中，鲁迅不仅写作才能得到锻炼，成为班上唯一获得金牌的学生，也接受了大量新思潮、新知识，是其日后思想观念形成的重要根源。

1899

下关码头（1899—1903年间摄）

南京开埠

1898 年，清廷同意修改长江通商章程。本年 4 月 1 日，中国海关总税务司赫德起草的新章程获批，南京继 1858 年《天津条约》之后再次被列为通商口岸。同时，江海关税务司安格联奉命到南京筹建金陵关。经与两江总督刘坤一协商，5 月 1 日金陵关宣布开关，标志南京正式开埠。在清廷的坚持下，南京的通商口岸界址定于下关，不涉城内。1904 年，两江总督周馥更是明确以惠民河为限，将河西的沿江“长五里余，宽约一里”范围划为口岸区域。口岸之内，列强可“永租”土地，但不像上海等地设有特定租界和管理机关，且不禁华人，“无论华洋商民均在此界内租地、造屋、开设行栈、系泊船只”。但实际上，外国商民常常越界至城内购地租产、居住经商。

悬挂海关旗的金陵关一号艇（1899—1903年间摄）

金陵关驻地（1899—1903年间摄）

1900

英国领事馆（清末摄）

开通领事馆

1899年南京开埠后，各国“皆得于下关通市设领事馆矣”。由于下关建设滞后，口岸范围有限，外国政府要求在城内设立领事馆。本年，英国在仪凤门内双门楼率先开设南京第一家领事馆，首任领事孙德雅（A.J.Sundius），同时兼任奥匈帝国领事。1901年，德国在城北楼子巷开设领事馆，首任领事尔增（Von Oertzen）。1902年，美国驻镇江领事馆迁南京城北三牌楼附近，与德国领事馆相对，首任领事马墩（W.Martin），并兼比利时领事。日本也在1901年于城南中正街设立上海总领事馆南京分馆，天野恭太郎任主任、副领事，1907年升领事馆，1910年迁址鼓楼新馆。清末先后设立的四国领事馆代表了6个国家，开启了近代南京国际交往的新时代。

美国领事馆（清末摄）

1901

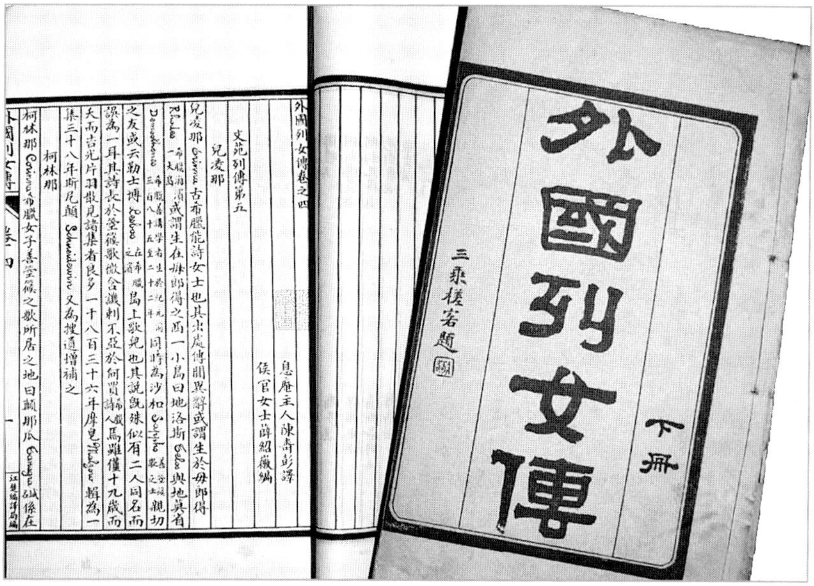

江楚编译官书局出版的《外国列女传》

官书局编译西书

晚清南京编译西书始于1864年曾国藩创办、周学濬主持的金陵官书局。书局延请张文虎等名家分任校勘，重视品质，校雠精审，在当时首屈一指。但其所出以经史诗文为主，西书为辅。本年，湖广总督张之洞和两江总督刘坤一联合创设官书局，专译东、西方教科书，以备学堂应用。书局于九月开局，刘世珩为总办，缪荃孙为总纂，陈作霖、姚佩珩、陈汝恭及柳诒徵等为分纂，罗振玉偕刘大猷、王国维等负责翻译，一时群彦荟萃。局址位于中正街（今白下路）祁门会馆，对门恰为陈三立宅。因书局为两地合办，费用出自两江，制度出自湖广，定名江楚编译官书局（简称“江楚编译书局”“江楚编译局”“江楚书局”），后又兼管江南官书局，合并了扬州淮南官书局。其所译西书数量居各省官书局之冠。部分书籍采用铅排、石印，以代替传统的雕版印刷。1910年，书局改为江苏通志局。

江寧金石記八卷
待訪目二卷

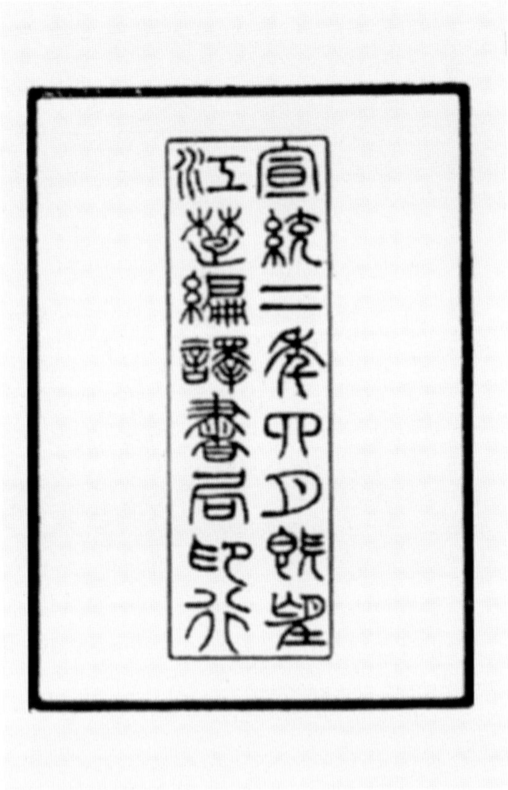

宣統二年四月既望
江楚編譯書局印行

江楚编译官书局印《江宁金石记》

1902

刘坤一

刘坤一病逝

10 月，两江总督刘坤一病逝于任上。刘坤一（1830—1902），字岘庄，湖南新宁人。出身廪生。随族侄刘长佑效力于湘军楚勇。1864 年擢江西巡抚。1874 年署两江总督。次年升两广总督。1879 年调两江总督。1881 年被劾，由左宗棠接任。1890 年，再度补授两江总督。在两江、两广任上，他逐步由保守派转为接纳洋务思想。1894 年甲午战争时，他受命节制关内外防剿各军，赴前线指挥陆军作战。战争的失利，使其更加积极推动洋务。1896 年回任两江。戊戌政变后反对废黜光绪皇帝，庚子事变时首倡东南互保，1901 年与张之洞联名上《江楚会奏变法三折》，所提举措成为此后十年“清末新政”的施政蓝图。其逝世后，清廷追封其为一等男爵，赠太傅，赐谥忠诚，入祀贤良祠，在原籍和立功之省建专祠祭祀。南京专祠设于湘军公所，名刘公祠，后改名刘公巷。

1903

1903年，两江总督魏光焘、前任总督张之洞与学堂官员、中日教习在暂借江宁府署办公的三江师范学堂举行第一次纪念合影

创办三江师范学堂

1902 年 5 月，两江总督刘坤一在汇报办理江南省学堂情形的奏折中指出，“现已另设师范学堂”，解决办理新学的师资问题。本年 2 月，署任两江总督张之洞正式提交创办三江师范学堂的奏折。他派杨觐圭、刘世珩任学堂总办，聘请日本教习与中国教习一同授课。首任总教习为当时在南京同文书院任教的菊池谦二郎。学堂勘定于北极阁前的明代国子监旧址建设校舍，此前先借江宁府署办公。6 月，中日教习到任，先互学语言。同月，新校舍开建，次年秋竣工，“俱系洋式，壮丽宽广，不亚日本帝国大学”（《东方杂志》）。1904 年 11 月，学堂正式开学，首批学生 70 名。1906 年，改名两江师范学堂。在筹办新式高等学堂之际，张之洞还与直隶总督袁世凯于 1903 年 3 月奏废科举获准，当年 9 月在南京举办的江南乡试遂为绝唱。

两江师范学堂教学楼——一字楼（1910年《金陵胜观》）

两江师范学堂口字楼

1904

柳诒徵

陈三立

陈三立捐宅助办思益小学

20 世纪初，在清廷新政推动下，南京开始改学塾为小学堂。1902 年，上元高等小学堂等新式官办小学先后创办。1903 年夏，从日本归国的柳诒徵招集同志者仿照日本模式创设新制的思益小学，在清末四公子之一的著名诗人陈三立（1853—1937）家塾任馆师陶逊为校长。由于学校苦无合适的校址，陈三立遂将自家后院八府塘侧房屋移作校舍，并将其家学塾、学生和办学费用都并入该校。江南高等学堂监督、三江师范学堂总稽查缪荃孙等侨寓南京的名士学人皆送其子侄入学，学校一时声誉鹊起，还得到官方巨款资助。本年初夏，湖广总督张之洞出差至南京，特命该校学生至三江师范学堂考试功课和表演体操并亲自面试数人，大为惊叹，当即奖以笔墨仪器并赞助经费。是年，两江总督魏光焘和继任端方，也先后考查学生，均表满意，分别下令增拨月款和扩大办学规模。曾就读该校的名人有宗白华、茅以升等。

1905

新军第九镇参加太湖秋操（1908年摄）

编练新军第九镇

1903 年，清廷成立总理练兵处，并令各省成立督练公所，训练新军。1905 年秋，署两江总督周馥奏请在江宁编练新军一镇，拟名“暂编南洋陆军第九镇，步队名为暂编第十七、十八等协，第三十三、三十四、三十五、三十六等标，马炮工程辎重各队补足后名为暂编马队炮队第九标，工程队辎重队第九营”。练兵处核议照准后，周馥又保荐苏松镇总兵徐绍桢为第九镇统制。除第十八协、三十五标、三十六标分驻镇江、江阴外，其余均驻南京。

新军第九镇“山田”气球侦察队（1908年摄）

1906

革命党人赵声

两江总督端方

同盟会渗透新军

1905年，曾任两江师范学堂教员、两江督练公所参谋的赵声（1881—1911）加入新军第九镇任管带，不久升至第三十三标标统，因治军严格，所部战斗力称冠江南新军，而“文明为全国陆军冠”。由于他思想进步，热心革命，培养了冷遹、柏文蔚、倪映典、林述庆、熊成基等一批追随革命的军人骨干。孙中山极为重视，派吴春阳联系。赵声等数十人在鸡鸣寺密会，被推举为同盟会长江（流域）盟主。本年2月，同盟会在鼓楼之东（一说仪凤门内）设立秘密机关。8月，两江总督端方到任后，严防新军，并将赵声免职。年底，孙中山委派来宁发动第九镇策应萍浏醴起义的孙毓筠因事泄被捕，随第九镇行至萍乡的赵声也因起义军已失败，转而南下广州策动革命。

两江总督端方在卫队护卫下巡行南京街头

1907

穿着统一制服的暨南学堂首批学生（1907年摄）

为华侨子弟创办暨南学堂

清政府废除海禁后，为促进侨民教育，于1906年派学部官员钱恂等调查南洋学务。由于当地教学质量不佳，在华侨比较集中的爪哇有不少华侨希望子女能回国读书并且“选地南京”。两江总督端方得报，同意侨生就读南京各学堂，官给食宿。本年2月春节前夕，第一批21名爪哇侨生抵达南京。由于侨生水平参差，端方遂奏准于南京设立暨南学堂，以薛家巷妙相庵为校址，专收南洋侨胞子弟以及有志于南洋工商业者，补习国文、国语及各普通科学后，再分送各学堂肄习。温秉忠任总理（校长），郑洪年为堂长，初分中学和小学两部。3月23日开学，课程有南洋概况、国文、英语等。1911年因辛亥革命停办。1917年由黄炎培复办，次年改称国立暨南学校。1923年，迁上海，并创大学部，后为暨南大学前身。

1908

沪宁铁路下关车站（1908年摄）

沪宁铁路全线通车

1894 年，张之洞调任两江总督，多次奏请修筑沪宁铁路。1903 年，工部左侍郎盛宣怀与英国的中英银公司签订《沪宁铁路借款合同》。工程由英国人格林森（Galiensen）担任总工程师主持修造，1904 年秋开工。铁路钢轨购自英国，枕木由澳大利亚进口，工程总投资 1669 万两白银。本年 4 月 1 日，镇江至南京段建成，标志着沪宁铁路全线通车。至 7 月工程全部竣工。线路全长 311 公里，由上海北站至南京下关站，沿途共设车站 37 个，全程运行 10 个小时。

1909

位于南京城内北极阁附近的宁省铁路

南京城内小火车开通营运

1907年，两江总督端方奏准在南京修建市内铁路。江南商务局总办王燮任工程总办，聘沪宁铁路总工程师英国人格林森为总工程师。1907年11月工程动工，1908年12月建成，总投资40万两白银，定名宁省铁路，俗称“小火车”。铁路全长11.3公里，起自下关江边，自金川门入城，至鼓楼，沿北极阁南麓、两江师范学堂后墙，跨珍珠河后南行，经两江总督署东墙外，至中正街（今白下路）止，沿线设有6个车站。本年2月，全线正式通车营业，这是中国最早建成的城市轨道交通线。

1910

南洋劝业会开幕日（1910年摄）

举办南洋劝业会

1908年，两江总督兼南洋通商大臣端方等奏请在江宁省城筹办南洋劝业会，“以振兴实业，开通民智”。次年，清廷准予官商联办，官筹70万银圆，上海和南京商界筹垫30万银圆。两江总督张人骏任正会长，上海总商会会长虞洽卿任副会长，委候补道陈琪为坐办，在南京设劝业会事务所，负责筹办和运营。主会场设在丁家桥、三牌楼一带，建有两江、东三省等各省陈列馆及一批实业馆、特别馆及华侨的暨南馆、外国的参考馆，还附设马戏场、动植物园、剧场、运动场及环行会场的轻轨小铁路等，其中3层高的纪念塔内安装了已知南京最早的电梯，夜晚还用电灯亮化建筑。本年6月5日，历时5个多月的劝业会开幕。学者李瑞清率南洋劝业会研究会700余名专家从十余万件展品中评出5269件获奖展品。这是全国首次举办的大型博览会，尽管入场券价格不菲，仍有近30万国内外人士参观，总成交额数千万银圆，被誉为“一日观会，胜于十年就学”。在这期间，上海基督教青年会还在会场发起组织全国学校区分队第一次体育同盟会，后被追认为第一届全国运动会。

南洋劝业会总门（明信片）

南洋劝业会会场内景（1910年摄）

南洋劝业会纪念塔，内设电梯（1910年摄）

张人骏

南洋劝业会场轻便铁道与小火车（1910年摄）

金陵大学校长包文（A. J. Bowen）

成立金陵大学堂

美国教会为提高教会学校的办学质量，提升传教影响力，开始重组布局，合并学校。本年2月，南京的汇文书院、宏育书院、益智书院合并为金陵大学堂，汇文书院院长包文、宏育书院副院长文怀恩分任学堂正副监督，汇文书院校址设大学部，宏育书院校址设中学部，益智书院校址设小学部。1912年，学校获得美国纽约州教育局和纽约大学的认可，文凭由纽约大学校董签发。1916年，大学部迁入位于鼓楼西南侧的新址，今为南京大学鼓楼校区。

民国初年的金陵大学堂校门

缪荃孙画像

开放江南图书馆

1907年，两江总督端方奏准创办江南图书馆，聘江南高等学堂监督缪荃孙为总办，负责筹建。时杭州丁氏后人出售“八千卷楼”藏书，端方拨专款派缪荃孙赴浙购得其全部藏书60万卷。不久，又购得武昌范氏“月槎木樨馆”4500余种藏书。这两批图书成为江南图书馆的基础收藏。1908年10月，在龙蟠里原惜阴书院旧址开工建设图书馆建筑。次年，建成藏书楼两幢。本年9月，图书馆正式对外开放。当时的清廷学部认为它在省立图书馆中“最为完善”。

江浙联军从紫金山上开炮

光复南京

10月10日武昌起义后，革命形势迅速变化。南京的新军第九镇统制徐绍桢在同盟会中部总部范鸿仙、柏文蔚策反下决定反正。11月7日，城内部分守军提前举事失败。7日，徐绍桢率部在驻地秣陵关起义，在缺乏弹药的情况下先行强攻雨花台，未能成功，被迫撤往已经光复的镇江。12日，驻泊南京的清朝海军舰队反正，驻入镇江加入革命军。13日，江浙联军在镇江成立，徐绍桢任总司令。24日，开始光复南京之役。经连日激战，联军于12月1日占领紫金山天保城。两江总督张人骏、江宁将军铁良妄图议和为成，乘日舰逃往上海租界，江南提督张勋率残部渡江北逃，城内剩余清军全部投降，南京光复。12月3日，各省代表当即在武汉和上海分头决议，组建临时政府，设于南京。12月6日，原江苏巡抚程德全赴南京就任江苏都督，有清一代宁苏分治之局终结。

THE ILLUSTRATED LONDON NEWS, JAN. 6, 1912.—25

TAKING THE KEY TO NANKING: THE CAPTURE OF PURPLE HILL.

DRAWN BY A. FORESTIER FROM SKETCHES BY OUR SPECIAL ARTIST IN CHINA.

1. ON THE SUMMIT OF PURPLE HILL: CHINESE REVOLUTIONARY TROOPS ADVANCING AGAINST THE IMPERIAL TROOPS HOLDING THE WEST END OF THE HILL.

2. FIRING ON THE EAST GATE, THE TAIPING-MEN GATE, AND THE HEAVY BATTERY: CHINESE REVOLUTIONARY TROOPS IN ACTION ON PURPLE HILL, THE KEY TO NANKING.

Our Artist writes, in a letter announcing the coming of the sketches from which these drawings were made: "Purple Hill, at the east of Nanking City, was stormed on the afternoon of Thursday, the 30th of November. I witnessed this. . . . I ascended the hill with the Revolutionaries, and left it at dark. The east end of the hill was not taken till the 1st of December, at 6 a.m. The sketch shows the city wall, with the east gate at about the centre. Behind the figures on the right, and below, can be seen the heavy battery. These shelled the troops on Purple Hill on the 30th. On the left below, on a wooded spur, are the Ming Tombs. The troops near this, in the distance, are General Hsu's, advancing against the city. Round the tents was much broken débris, and on the hill were forty or fifty dead scattered about. The men seen in the centre are firing over a rough stone wall. The country outside the city walls is flat up to the distant hills." The sketch for the first drawing here shown was made on the summit of Purple Hill at 4 p.m. on November 30.

《伦敦新闻画报》登载的江浙联军占领紫金山的图画新闻

占领南京的江浙联军战士

缴械投降的清军聚集在太平门附近

江浙联军南京城内激战（1911年12月制《中清事变战争画》）

江浙联军占领南京城（1911年12月制《中清事变战争画》）

1912

孙中山与临时大总统府秘书长胡汉民（前排左二）等在总统府合影

孙中山肇建民国

1911年12月11日，光复的17省都督府代表分别从上海和汉口两地齐聚南京，继续商议中央政府组建事宜。15日，各省代表会因袁世凯议和代表唐绍仪表示“袁内阁亦主张共和”，遂决定推迟选举临时大总统，等待袁世凯反正，此前先行推举大元帅以代行总统职权。25日，孙中山从法国返回上海，表示不接受大元帅职位。29日，各省代表在南京召开选举会，正式选举孙中山任中华民国临时大总统。本年元旦，孙中山抵南京，举行就职典礼，宣告中华民国成立。次日，孙中山通电，从此改用阳历，并以1912年为民国元年。3日，各省代表会议选举黎元洪为副总统，通过陆军、海军、外交、内务、财政、司法、教育、实业、交通九部总长和次长名单，正式组成南京临时政府。11日，确定五色旗为国旗。28日，成立临时参议院。2月12日，清帝溥仪逊位，诏书称“将统治权公诸全国，定为共和立宪国体”，封建君主制至此终结。14日，孙中山辞职。次日，袁世凯被推举接任临时大总统。同日，孙中山等赴明孝陵祭谒明太祖，宣告“清帝退位，共和巩立，民国统一，永无僭乱”。3月10日，拒绝南下的袁世凯在北京行受职礼。11日，公布《中华民国临时约法》，为中国第一部具有资产阶级共和国宪法性质的文件。4月1日，孙中山正式解职。2日，临时参议院议决政府迁北京。15日，第一任国务总理唐绍仪率领在南京组建的新内阁成员北上。21日，国务院在北京成立，临时参议院也抵达北京。南京临时政府解散。6月，江苏都督府移驻原总统府。

1912年2月15日，孙中山、黄兴等祭告明孝陵

1912年3月2日《伦敦新闻画报》以封面照片反映南京士兵在街头强制剪辫的情景

江苏都督府大门（1912年摄）

孙中山在临时大总统府内

临时参议院大楼

1913

江苏讨袁军临时总司令何海鸣（前右三）与部下合影

讨袁军三次独立

因袁世凯善后大借款和刺杀宋教仁，二次革命爆发。7月15日，黄兴包围江苏都督府，胁迫程德全宣布江苏独立，并成立江苏讨袁军。29日，黄兴因程德全出走反水被迫离宁，江苏首次独立失败。8月8日，何海鸣、韩恢联络驻南京的第一师、第八师，再次宣布独立，何海鸣自任江苏讨袁军临时总司令。当日，江淮宣抚使、原直隶都督冯国璋女婿第八师师长陈之骥拘捕何海鸣，取消独立。10日，第八师部分官兵趁陈之骥渡江与北洋军接洽时，救出何海鸣，解散师司令部。11日，何海鸣至江苏都督府第三次宣布江苏独立，仍任总司令。经过连日激战，江苏都督张勋协同冯国璋、徐宝珍等部北洋军攻入南京城。何海鸣退至雨花台，战至全军覆没后撤离。北洋军在全城纵兵劫掠，外国侨民连带受损，日侨三死一伤，引发列强抗议，张勋被迫赴日本领事馆谢罪。12月，袁世凯改命冯国璋接任其江苏都督一职。

毁于北洋军炮火的朝阳门城楼

北洋军焚掠后的废墟

1914

浦口火车站（1917年摄）

浦口成为中国水陆交通枢纽

战后，南京逐步恢复重建。1913 年 1 月 1 日全线通车的津浦铁路南段终点为浦口。本年，其车站和附属建筑始正式竣工投用。车站大楼为三层建筑，瓦楞铁覆顶，内部为木质结构，设房间 62 个，有拱形长廊直通江边的轮渡码头。因该铁路南段均使用英资建设，故站舍建筑风格全部采用英式。同时，津浦铁路南段局还在浦口建成 1 座客运码头、9 座货运码头，以及 12 座码头仓库。浦口由此成为全国重要的水陆交通枢纽。浦口码头于 1915 年 7 月 1 日正式对外开放，成为自开口岸。

全面建成开放的扬子饭店（民国早期摄）

下关扬子饭店扩建

随着进出下关的旅客日益增多，原金陵关职员法尔里于1911年离职后，开始修建当时下关最早由外国人开设也是等级最高的饭店——扬子饭店。本年，已初具规模的饭店开始扩建，次年建成东楼，1917年又建成北楼。整个建筑为法式折中主义样式，建材采用了取自浦口点将台的明代城砖。

1915

位于大仓园的河海工程专门学校（1917年摄）

三所新学制高校同年开学

民国初年，随着新学制和一系列教育政策出台，南京陆续开办多所高校，尤以本年最为密集。一是全国水利局河海工程专门学校。该校是实业总长兼全国水利局总裁张謇为培养水利技术人才，在南京创办的中国第一所专事水利高等教育的学府，为河海大学前身。许肇南任校主任，李仪祉任教务主任。本年3月15日开学。校址暂设于丁家桥原江苏省议会大楼，次年因议会恢复，改迁南京高等师范学校一字楼；1917年租赁大仓园（在今长江路）蒯氏民房为校舍。二是南京高等师范学校。南京作为1912年确定的全国6个高等师范学区本部之一，江苏教育界于1914年开始筹办该校，校址设于原两江师范学堂，江谦任校长，郭秉文任教务主任。本年9月10日开学。1923年并入国立东南大学。三是金陵女子大学。1913年美国北美长老会、美以美会等教会确定组建校董会，在南京创办女子联合学院，推选德本康为校长，租赁绣花巷合肥李氏大院为校舍。本年9月17日开学。1923年迁入美国建筑师墨菲、中国建筑师吕彦直设计建造的随园新校舍。1930年改名金陵女子文理学院，今校址为南京师范大学。

南京高等师范学校校长江谦

南京高等师范学校校门（1917年摄）

金陵女子大学校长德本康

金陵女子大学第一批新生（1916年摄）

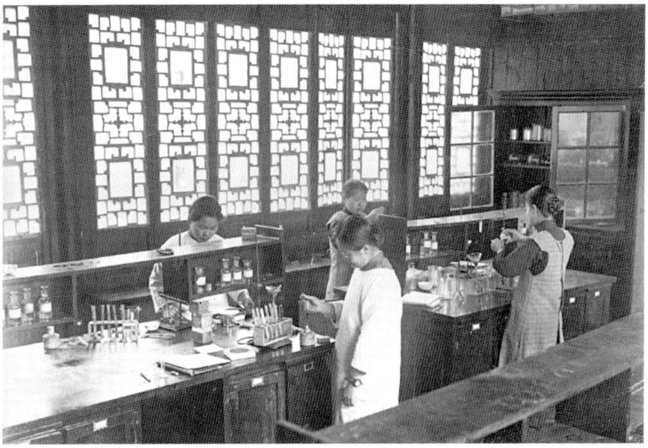

金陵女子大学化学实验室，前排右为吴贻芳（1918年摄）

紫金山植树典礼合影

中外名流紫金山植树

1911年，为救助灾民，金陵大学教授裴义理、基督医院院长马林等创办义农会组织荒地种植，以工代赈。1912年春，裴义理购买金陵大学鼓楼校址附近山地作为苗圃，派学生督促安徽灾民开山种树。在其呼吁下，临时大总统孙中山准拨紫金山官荒地4000亩供义农会垦荒造林。本年，因紫金山山火烧毁很多林木，又有感中国人有清明在坟地植树的风俗，裴义理遂与他人共同向农商总长张謇倡议定清明日为植树节。3月15日，张謇在参加河海工程专门学校开学礼后，应裴义理之请，与马林及金陵大学校长包文等至紫金山北的义农会林场种植纪念树3枝。7月，北京政府正式确定清明为植树节。

金陵大学校长包文、副校长文怀恩植树后留影

张謇在植树典礼现场

包文、马林执铲，张謇插树苗

1916

冯国璋

冯国璋在南京就任副总统

1915 年 12 月，蔡锷在云南组织护国军讨伐称帝的袁世凯。江苏将军冯国璋一面暗中联络反袁势力，一面秘密串联各省北洋将领抵制袁氏指令，成为“北洋派中反对洪宪皇帝之第一中心人物”，最终于本年 3 月以“五将军密电”迫使袁世凯取消帝制。5 月，冯国璋又发起召开没有独立的 17 省区代表讨论袁世凯去留问题，意图打造第三方势力。6 月 6 日，袁世凯忧惧而死。黎元洪出任总统。10 月 30 日，冯国璋被选为副总统。11 月 8 日，因不愿放弃江苏督军的实权，他在南京府邸宣布就职，并设立副总统办事机构，公开向中外记者宣示改良主义治国主张。1917 年 7 月，张勋复辟，冯国璋宣告就任代理大总统，部署讨张。讨逆军很快占领北京。8 月 1 日，冯国璋正式赴京就职。

1917

谢阁兰

谢阁兰考察南京六朝石刻

1909 年 5 月，法国海军医师谢阁兰（Victor Segalen，1878—1919）首次到中国游历，其间曾到访南京，参观了明孝陵。这次行程的详情通过谢阁兰给妻子的家书《中国书简》得以记录。1914 年，他受法兰西文学院资助，到中国西部开展考古调查。本年，他再次受官方委派，到中国招募赴法国军工厂工作的志愿者，并顺道调查了南京及附近城市的古迹。此次行程，他拍摄了 91 张文物照片，有许多是南京及附近的六朝陵墓石刻。当年出版的《法兰西科学院周刊》刊发了这次考察的报告和图片。虽然上海徐家汇天主堂中国籍司铎张璜曾于 1912 年以法文撰写出版《梁代陵墓考》，但真正引起西方汉学界对六朝陵墓石刻的关注，还是谢阁兰的这次考察。

梁安成康王萧秀墓神道石刻（1917年摄）

西德尼·甘博在南京的城墙上

甘博镜头下的南京

美国人西德尼·甘博1916年从加州大学伯克利分校获得社会经济学硕士学位后留校任教，不久接受杭州友人费德佩之邀来华进行沿长江而上的摄影远足。本年6月11日，两人与杭州的传教士亚瑟从上海出发，溯江西行，10月9日从四川返抵上海。其间，他曾到南京游历。后他成为北京基督教青年会干事，又多次到访南京。甘博在中国拍摄的照片现存于杜克大学，其中在南京拍摄的照片主要归类于标注1917—1919年、1924—1927年两个时段，内容有金陵大学、金陵女子大学等教会学校，有明孝陵等古迹，有乞讨船、棚户、街头织布等市井百态，还有北门桥等街巷，照片质量很高，极富历史价值。

乞讨船上的女乞丐（1924—1927年摄）

说书人（1924—1927年摄）

遛鸟人（1924—1927年摄）

街头的扶杖老人（1924—1927年摄）

1918

下关大马路上的江苏邮务管理局大楼

江苏邮务管理局大楼落成

1899年南京开埠，始于下关设立南京邮政局。1914年，北洋政府改革邮政制度，每省划为一个邮务区，管理机关设省城，南京邮政局遂改称江苏邮务管理局，局址设大石桥，以英国人李齐任邮务长。本年，为适应邮务发展，江苏邮务管理局于下关大马路建成钢筋混凝土结构的西式三层大楼，作为办公新址。下关自此成为全省邮政中枢。该大楼地面三层，地下两层，转角处有穹顶塔楼可以远眺长江，建筑精美，为当时的下关地标。

1919年6月12日，五四运动胜利后南京商店重新开市

张闻天在南京传播马克思主义

五四运动爆发后，南京学界抗议镇压学生运动并举行五六千人参加的国耻纪念大会。此后南京各界人民都起来集会、游行、抵制日货。6月上旬，南京的军阀当局为镇压全市罢课、罢市、罢工的“三罢”斗争，酿成“六七”惨案，激起社会各界万人抗暴游行，警察厅长被迫公开道歉。在全国人民的压力下，最终中国代表拒绝在《凡尔赛和约》上签字，五四运动取得胜利。运动后期创刊的《南京学生联合会日刊》积极报道南京及各地学生反帝爱国运动，河海工程专门学校的张闻天、沈泽民都是编辑科科员和主要撰稿者。仅张闻天就发表文章不下30篇，其中最著名的是南京第一篇传播马克思主义的文章《社会问题》，在8月19日至21日分三期连载。文章提出用“马克思唯物的历史观”观察社会，认为革命要靠“劳农界人”“铲除士大夫阶级”，并从民主政治到共产主义分两步走，还全文引用了《共产党宣言》十大纲领，是中国最早传播马克思主义的重要文献之一。

19岁的张闻天

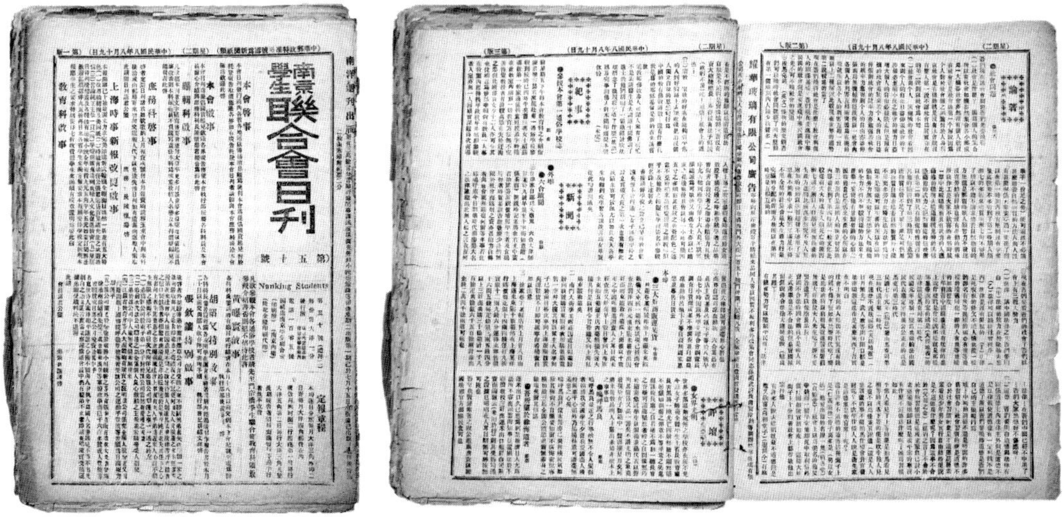

南京學生聯合會日刊

第五十號

《南京学生联合会日刊》及其发表的张闻天《社会问题》一文

杨贤江

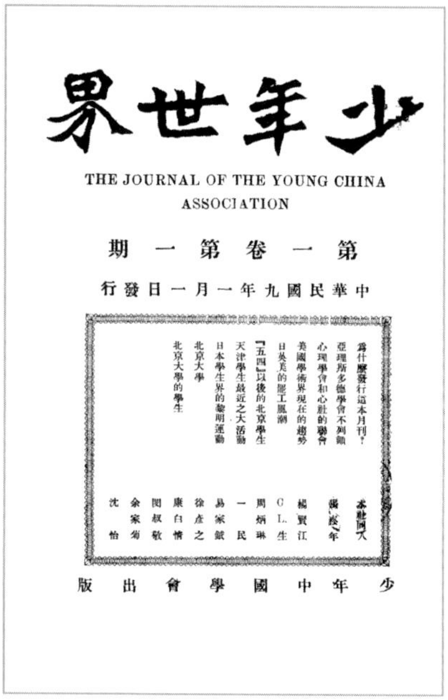

少年世界

THE JOURNAL OF THE YOUNG CHINA ASSOCIATION

第一卷第一期

中華民國九年一月一日發行

為什麼發行這本月刊？
亞理斯多德學會不列顛心理學會和心社的聯合
美國學術界現在的趨勢
日英美的勞工風潮
『五四』以後的北京學生
天津學生最近之大活動
日本學生界的黎明運動
北京大學
北京大學的學生

本社同人
張崧年
楊賢江
C. L. 生
周炳琳
一民
易家鉞
徐彥之
康白情
閔叔敏
余家菊
沈怡

少年中國學會出版

《少年世界》创刊号（1920年第1期）封面

杨贤江组织研究马克思主义

1919年10月，南京高等师范学校教育科职员杨贤江（1895—1931），经邓中夏介绍，在南京加入李大钊、王光祈发起筹建的少年中国学会。11月1日，他与沈泽民等成立南京分会，并当选书记。本年元旦，少年中国学会在南京创刊《少年世界》，由分会负责编辑。春夏间，他又秘密组织了马克思主义研究小组，开展社会调查，鼓动工人斗争。《新青年》《劳动界》等进步刊物发表了莫如、阿英（钱杏邨）、怪君（柯庆施）等针对南京工人撰写的一批调查报告。7月，他与李大钊、恽代英等被选为少年中国学会评议员。9月，杨贤江辞职南下广东，后转上海。1922年，杨贤江加入中国共产党。

1921

杨贤江、恽代英、张闻天、沈泽民等少年中国学会南京年会参加者在梅庵合影

少年中国学会组织南京年会

由于少年中国学会南京分会非常活跃，影响很大，北京总会于本年7月1日至4日在南京召开第二届年会，参加会员有杨贤江、恽代英、张闻天、沈泽民等23人。会议先后在鸡鸣寺、玄武湖、清凉寺扫叶楼、南京高等师范学校的梅庵等处举行。大家重点讨论了学会是否需要共同的主义为宗旨，以及是否接受马克思主义确定社会主义的方向。会上，邓中夏、高君宇、刘仁静等马克思主义者坚持主张以社会主义为学会的指导思想，左舜生等反对学会从事政治活动，不要主义。双方争辩激烈，未能得出一致意见。会后，刘仁静赴上海参加了中国共产党第一次全国代表大会。

金陵神学院百年堂（约1924年摄）

金陵神学院扩建和金陵女子神学院迁址

1911 年 9 月 13 日，由美以美会的圣道馆、基督教长老会的圣道书院和美国基督教使徒宣教会的使徒圣经学院合并成立的金陵圣经学校试行开学。甘路得为院长，司徒雷登为司库兼教授。课程仿照纽约圣经学院，教授均为美籍，为中国新教唯一一所最高等级的独立神学院。次年，改名金陵神学（The Nanking School of Theology）。1917 年，改名金陵神学院（Nanking Theological Seminary）。本年，美国南卡罗来纳州生姆脱城三一堂向该院捐建办公楼一幢，名为百年堂，以纪念监理会国外布道 100 周年。此外，1912 年冬，美国的贵格会、南北长老会、美以美会、监理会、基督会和美国浸礼会等以进德女校校址合办金陵神学女校。本年 10 月，该校迁大银铜巷新址，再改称金陵女子神学院。学院新址由金陵大学工程院设计，陈明记营造厂建造，包括圣道大楼和两幢学生宿舍楼，为美国殖民时期风格的建筑。

金陵女子神学院圣道大楼正面（1921年10月12日摄）

金陵女子神学院圣道大楼背面（1921年10月12日摄）

1922

右起：罗章龙、王荷波、姚佐唐（1924年摄）

王荷波创建南京第一个党小组

1921 年 6 月 22 日，张太雷在给共产国际三大的报告中提及南京在当年 5 月 1 日前已有中国共产党省级地方党组织，并说“它虽是最年轻的组织，但已经同周围工人建立了牢固的联系”。遗憾的是迄今没有发现所述该组织更加明确的记载。同年 12 月，北京共产主义小组发起人之一的罗章龙来到浦镇，介绍浦镇机厂中华工会负责人王荷波（1882—1927）先后加入中国劳动组合书记部、北京大学马克思学说研究会。本年夏，王荷波在北京加入中国共产党。同年秋，王荷波正式建立了南京第一个党小组——中共浦口党小组，并任组长。此外，1921 年 5 月起，南京高等师范学校谢远定、中学教师曹刍等先后加入社会主义青年团，成为南京首批团员。本年 4 月 23 日，南京团员选举莫耀明为代表出席全国社会主义青年团第一次代表大会。5 月 25 日，他们又在南京高等师范学校梅庵举行大会，正式成立团地方委员会，吴肃任主要负责人。这是全国最早的 15 个团地委之一。

1923

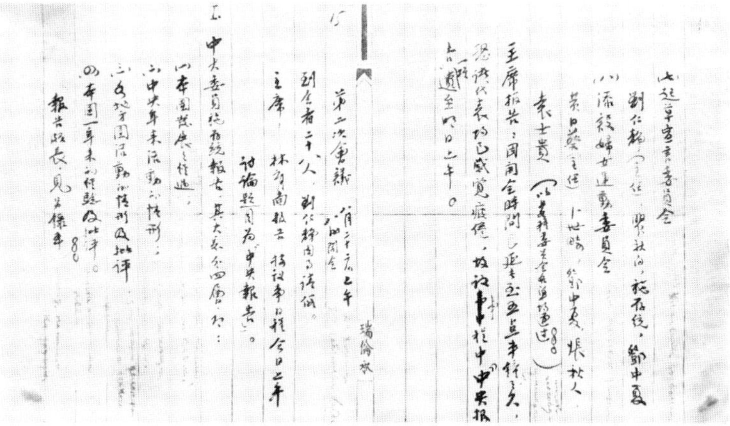

中国社会主义青年团二大会议记录

中国社会主义青年团二大在梅庵召开

为总结青年团成立以来的工作经验和教训，协调党的团关系，并贯彻中共三大《关于青年运动决议案》，中国社会主义青年团决定在湖南召开青年团第二次代表大会。后因江浙沪的青年工作基础较好、团中央领导相对集中，遂改于本年8月20日至25日在南京的东南大学梅庵举行，到会代表30余人。瞿秋白、邓中夏分别代表少年共产国际、中国共产党出席会议并致辞。毛泽东以中共中央代表身份全程参加会议，这是他唯一一次全程参与团的全国代表大会。毛泽东在第一次会议上致祝辞，在第四次会议上做报告，在闭会式上发表演说。会议通过了团的第一次修正章程和青年工人运动、学生运动等决议案，并决定按照中共三大的会议精神要求团员以个人名义加入国民党，青年团在政治上完全服从中国共产党的主张。会议选举邓中夏、施存统、刘仁静等7人组成新的团中央执行委员会，恽代英等3人为候补委员。刘仁静在团二届一中全会上当选委员长。同年10月，南京最早的团员、团二大代表、南京团地委新任委员长谢远定组建了南京城内最早的党小组，并兼任组长。11月8日，中共上海地方兼区执行委员会批准，南京党小组和浦口党小组合并成立中共南京地方执行委员会，谢远定为负责人，共有党员20名。次年，因上海区执行委员会建制被取消，南京地方执行委员会改由中共中央直接领导。

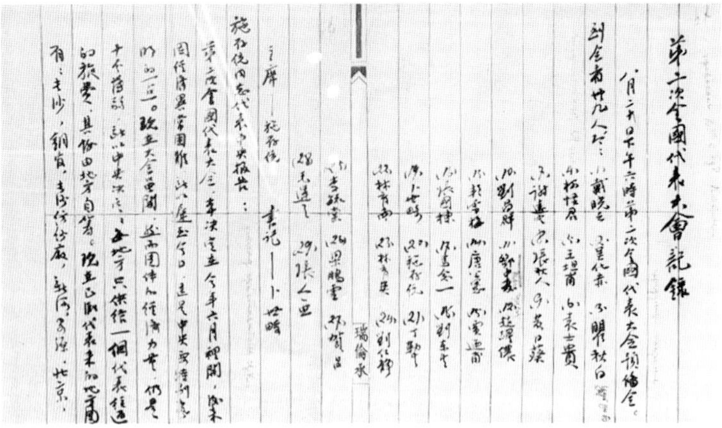

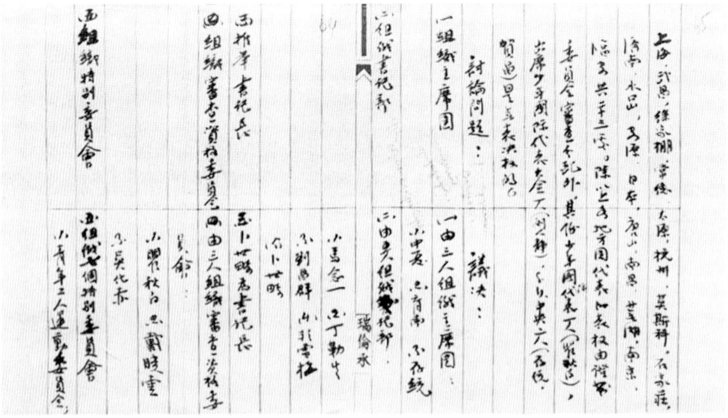

中国社会主义青年团二大会议记录

1924

中国科学社在金陵女子大学中央楼前进行第九次年会暨十周年纪念合影

中国科学社在南京纪念成立十周年

中国科学社于 1914 年 6 月由美国康奈尔大学任鸿隽、赵元任等 9 名中国留学生发起成立，并创刊《科学》杂志。1918 年，随着主要发起人和大批会员陆续回国到南京任教，该社也临时迁至南京高等师范学校。1919 年 11 月，北京政府财政部拨成贤街文德里 70 号的房屋作为社所。1920 年 8 月，中国科学社第五次年会在南京召开，并于社所北楼建立了图书馆。1922 年 8 月，又在社所南楼成立了第一个专门科研机构——生物研究所。次年，该所一楼陈列馆对外开放，成为南京首家自然历史博物馆。本年 7 月，中国科学社在新建成的金陵女子大学召开第九次年会暨成立十周年纪念会议。会议前后，该社屡就庚子赔款用途发声，并正式发表该款应用于学术研究的宣言。

南京群众游行声援五卅惨案被害同胞

南京群众声援五卅惨案被害同胞

本年5月31日，上海发生五卅惨案后，中国共产党南京支部立即开会，决定开展声援五卅惨案被害同胞的反帝爱国运动。6月4日，宛希俨、曹壮父等领导万余群众到城北和下关示威游行，并发动工人起来斗争。6月5日，下关的英商和记洋行工人在其影响下开始罢工。南京各界纷起募捐救济罢工工人。罢工斗争长达42天，其规模和持续时间在南京史无前例，被邓中夏称为“南京反对帝国主义运动最壮烈的一举，给予各地影响不小”。声援五卅的运动激励了大批南京青年走上反帝反封建的革命道路，并壮大了南京的党团组织。

1926

中山陵设计绘稿小图

开工建设中山陵

1925年，国民党组建孙中山葬事筹备委员会，并确定紫金山的中茅山南坡为墓址所在地。当年9月20日，通过登报悬奖，从40余份陵墓设计应征方案选定吕彦直的警钟形设计图案，并聘其为陵墓建筑师。12月，姚锡舟的姚新记营造厂成功竞标陵墓工程。本年1月15日工程开工。3月12日，国民党在孙中山逝世周年行陵墓奠基礼，由谭延闿书奠基石。由于北伐战争以及征地波折，营建工程一度进展缓慢。1927年，葬事筹备处由上海迁南京，陵园面积扩大至整座紫金山，并重新排定工程计划。由于工程浩大，又于1927年11月由上海新金记康号营造厂承包第二部工程，主要包括直达陵门的石阶、大围墙下之石坡、祭堂平台前的拥壁等及挖土、填土、水沟工程。另外，陵园大道由上海徐成记营造厂承办。至1929年春，第一、二部工程皆告竣。1931年10月，包括牌坊、陵门等在内的第三部工程及墓道工程由上海陶馥记营造厂承办竣工，至此中山陵主体建筑始告完竣。

建设中的中山陵

中山陵警钟形建筑设计图

1927

北伐军进入长干桥

北伐军占领南京

1926 年 7 月，国民革命军开始北伐。南京的国共两党积极发展党员和工会会员，配合北伐军开展策应工作。本年 3 月 24 日，国民革命军江右军击败孙传芳和张宗昌的直鲁联军，光复南京。因在宁西方侨民和领事机构受到战乱冲击，驻泊下关的英美军舰当日下午对城北仪凤门到丹凤街一带实施无差别炮击，造成近百名中国军民伤亡，毁坏房屋无数，史称“宁案”或“南京事件”。蒋介石对外妥协，对内抓紧夺权，亲赴南京，指使亲信制造“四一〇”反革命事件，捣毁了左派控制的国民党江苏省、南京市党部和市总工会，逮捕领导和骨干 40 余人，省党部常务委员、中共党团书记侯绍裘，中共南京地委书记谢文锦等 10 名同志在大纱帽巷 10 号召开紧急扩大会议时也被抓捕并遭秘密杀害，这是南京党组织遭受的第一次大破坏。4 月 18 日，蒋介石在南京另立国民政府，与汪精卫为首的武汉国民政府对立。7 月 15 日，汪精卫与中国共产党决裂。随后宁汉合流，在武汉的国民党中央和政府迁南京，大革命宣告失败。8 月下旬，孙传芳纠集重兵，渡江反扑，南京陷于危殆，李宗仁、何应钦、白崇禧亲赴龙潭前线指挥，经连日激战，全歼孙军六七万人。

国民政府建都南京纪念合影

英国军舰驻泊在劫后的下关码头

龙潭战役中得胜归来的北伐军

直鲁联军张宗昌所部白俄雇佣军的装甲列车驻扎南京

1928

陈裕光

吴贻芳（1928年摄）

南京教会大学始由中国人主持

20世纪20年代，中国掀起抵制基督教及收回教育权的反文化侵略运动，政府对教会学校限制日益增多。南方的国民政府态度尤为坚决。1927年3月宁案期间，大批外国侨民撤离南京，在宁教会大学均由中国人代为主持。11月，金陵大学文理科主任陈裕光（1893—1989）被推举为金陵大学校长，成为全国首位出任教会大学校长的中国人。本年2月，国民政府大学院公布《私立学校条例》《私立学校校董会条例》，明确立案学校必须由中国人担任校长、董事长或校董会主席，不得宣传宗教，宗教科目不得列为必修课。8月，美国密执安大学生物学博士吴贻芳（1893—1985）返回母校金陵女子大学担任校长。9月，金陵大学成为南京国民政府第一座呈准立案的教会学校。金陵女子大学则于1930年在教育部立案，并更名为金陵女子文理学院。

金陵大学校园（20世纪20年代摄）

中西合璧的校园建筑

金陵大学和金陵女子大学的校园是当时南京除了国立东南大学之外最新建成的现代建筑群。金陵大学校园规划于 1913 年由纽约建筑师克尔考里完成，美国建筑师司斐罗、测绘师莫尔负责建造，至 1925 年各主要建筑基本建成。整个校园以北大楼的塔楼为中心，布局错落有致，有北大楼、东大楼、西大楼、礼拜堂、小礼堂和学生宿舍等建筑，为中国北方官式建筑风格与西方建筑技术相融合的产物。1935 年、1936 年又先后建成东北大楼和图书馆。

金陵女子大学新校址建筑群于 1923 年 7 月在随园建成启用。该工程由美国建筑师墨菲设计，中国建筑师吕彦直参与，陈明记营造厂承建。整个校园以东西轴线分布，主体建筑群有 7 幢中国传统宫殿风格的钢筋混凝土建筑，包括 100 号会议楼、200 号科学馆、300 号文学馆、400 号至 700 号学生宿舍，围绕中心大草坪对称布局，有东方最美校园之誉。1934 年又建造了图书馆、大礼堂。

金陵女子大学新校园（20世纪20年代摄）

中山陵（1929年摄）

举行奉安大典

孙中山先生于 1925 年 3 月 12 日病逝后，遗体暂厝于北京碧云寺。本年春，中山陵主体工程完工。4 月，为迎灵抢先修建的中山大道正式通车，从下关中山码头至城东中山门全长 12 公里，为当时世界第一长的街道。行道树为俗称法国梧桐的悬铃木，后成为南京标志。5 月 28 日，孙中山灵榇被运抵南京中央党部礼堂。公祭 3 天后封棺。6 月 1 日，举行奉安大典。孙中山家属、亲故宋庆龄、孙科夫妇、蒋介石夫妇等，全体中央委员、国府委员、葬事筹备委员、迎榇专员等以及 18 国专使参加送殡，沿途观礼群众达 50 万人。灵榇移入墓室，全国民众同时默哀 3 分钟，12 时整完成奉安入圹，大典告成。参加典礼人员依次进入墓室瞻仰后，由宋庆龄率孙科等锁上墓门。

“威胜”号军舰运送孙中山灵榇渡江

5月28日，孙中山灵车抵达浦口火车站

6月1日奉安大典，孙中山灵榇移进中山陵祭堂

墨　菲

制定《首都计划》

1928 年，国民政府成立南京国都设计技术专员办事处，聘请美国建筑师墨菲（1877—1954，Henry Killam Murphy）、古力治（Ernest P. Goodrich）制定首都规划。本年 12 月，墨菲主持完成了南京第一部现代城市规划设计文件——《首都计划》。该计划共有 28 项内容，将南京分为 6 个区域进行规划，即中央政治区（中山门外紫金山南麓）、市级行政区（傅厚岗一带）、工业区（长江两岸及下关港口）、商业区（主干道两侧和明故宫、新街口一带）、文教区（鼓楼、五台山）、新住宅区（山西路一带）。虽然计划内容大多没有建设完成，但对南京城市发展仍然影响巨大，计划本身也开启了中国现代城市规划的先河。

谭延闿墓祭堂

国葬谭延闿

本年9月22日，国民政府代理主席、行政院院长谭延闿（1880—1930）因脑溢血去世。9月27日国民政府下令特予国葬，并为此制定了新的《国葬条例》，于10月7日公布施行。10月17日，举行移灵典礼。蒋介石、胡汉民等执绋送殡，灵柩由成贤街谭公馆运抵第一公园。1931年5月，墓址定于灵谷寺东侧，设计师为基泰工程事务所的关颂声、朱彬、杨廷宝等。9月1日墓穴工程完工，4日提前举行国葬典礼，蒋介石仍亲自执绋并主持祭礼。1932年12月，该墓完竣。

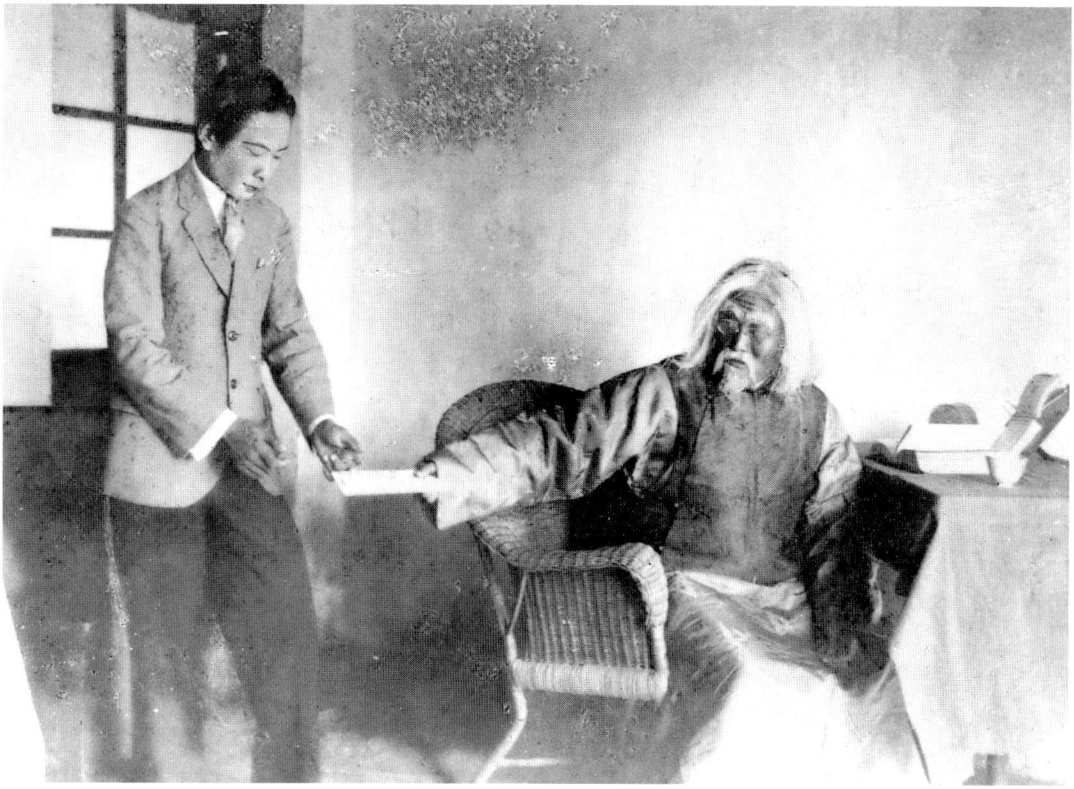

晓庄学校学生谢纬棨（左）和陶行知（右）在晓庄剧社排演的田汉话剧《生之意志》中饰演父子

反帝爱国热土晓庄师范遭查封

晓庄学校由陶行知创建于1927年3月，初名晓庄试验乡村师范学校，校址在南京北郊劳山脚下，以“生活即教育”“社会即学校”“教学做合一”为办学理念。除了董事长蔡元培、校长陶行知、第一院院长兼研究部主任赵叔愚、第二院院长兼指导员陈鹤琴外，只有专科指导员，没有教师，只有避雨的草房，没有校舍，大礼堂名为“犁宫”，图书馆名为“书呆子莫来馆”。学校成立不久，就有了中国共产党党团组织，并发动学生积极参与反帝爱国争自由的革命斗争，受到中共江苏省委特派员陈云的高度评价。本年4月，因学生们参加声援和记工厂工人大游行，学校被教育部查封。进步学生遭到疯狂追捕，先后有10人被杀害，其中年龄最小的袁咨桐因仅有16岁被当局改写年龄后处死，热爱话剧表演曾与陶行知一起演出的谢纬棨被绑在人力车上用机枪扫射而死，左翼作家柔石特地为他创作了《血在沸》一诗。

钱壮飞

恽代英

钱壮飞冒死挽救党中央

1929年底，中共党员钱壮飞打入国民党中央组织部党务调查科，任科长徐恩曾的机要秘书。1931年4月25日，钱壮飞通过密电获悉时任中共中央政治局候补委员、特科负责人之一的顾顺章在武汉被捕叛变，立即派女婿赴上海报警。周恩来指挥中共中央各机关、江苏省委和共产国际远东局机关全部转移，钱壮飞也于次日紧急撤离。但由于顾顺章的出卖，关押于南京江东门中央军人监狱即将出狱的中共中央委员恽代英身份暴露。他拒绝了敌人的劝降，4月29日在狱中英勇就义。

1931年9月，南京民众发起的反日大会

南京民众举行反日救国大会

九一八事变后，全国人民纷纷要求政府出兵抗日。蒋介石则冀望国际调解，9 月 22 日他从江西“剿共”前线返回后出席南京市国民党党员大会时，仍要求“上下一致……以和平对野蛮，忍辱含愤”。9 月 23 日，南京各界团体及市民 20 多万人齐聚公园路体育场举行反日救国大会，并游行至国民政府要求对日宣战。之后，首都73所学校成立学生抗日救国会，并前往国民党中央党部和外交部请愿。南京其他各界也纷纷成立抗日团体。11 月至 12 月，国民党召开第四次全国代表大会，结束宁粤对立，南京国民政府改组，蒋介石下野。

1932

中国驻国联代表顾维钧（左）与调查团团长李顿（右）

国联调查团来华

应中国要求，国际联盟决定派遣英、美、法、意、德等五国代表组成的调查团，调查九一八事变形成的满洲问题以及中国的一般形势。英国代表李顿任调查团团长，于2月29日抵日本，3月14日抵上海，24—29日在南京调查，后又赴汉口、北平及东北各地，9月5日在完成报告书后离华。10月2日，272页的报告书在东京、南京和日内瓦同时发布。报告书承认东北属于中国领土，但认为中日冲突的重要原因是中国抵制日货运动，导致事变的最重要因素是苏联传播共产主义，并建议中日两国武装力量撤出中国东北，改由西方列强共管。1933年2月24日，国联大会决议接受《李顿调查团报告书》，并重申不承认伪满洲国。之后，日本于3月28日宣布退出国际联盟。

关押在南京模范监狱的牛兰

共产国际联络员牛兰夫妇被判刑

1931 年 6 月 15 日，受被捕的共产国际信使牵连，以开办贸易公司为掩护的共产国际联络部上海秘密联络站负责人牛兰（雅各布·马特耶维奇·鲁德尼克）与夫人汪德利曾被上海公共租界工部局警务处逮捕。8 月 10 日，因顾顺章的变节供认，他们被国民党当局引渡，秘密关押至南京模范监狱。8 月 20 日，宋庆龄和爱因斯坦、高尔基等成立“国际营救牛兰委员会”，发起国际救援运动。国民党当局对此始终保持沉默，甚至予以否认。宋庆龄出面以送蒋经国回国作为交换为条件，也被蒋介石拒绝。本年春，共产国际动用苏军情报部派驻上海的佐尔格小组探知了牛兰夫妇关押地点，引爆国际舆论，后成为红军顾问的李德就是此次活动经费的运送员。5 月，国民党当局被迫释放了牛兰夫妇的幼子，并以江苏省高等法院刑事庭名义公审此案。萧伯纳、罗曼·罗兰等数百名国际知名人士呼吁释放牛兰夫妇。8 月 19 日，法庭以扰乱治安、触犯危害民国紧急治罪法等罪名，判处二人死刑，又援引大赦条例，改判无期徒刑。1937 年 8 月，牛兰夫妇在日军全面侵华之际趁乱出狱，后于 1939 年返回苏联。

第五届全国运动会

举行第五届全国运动会

本年10月10日，因1931年“九一八事变”延期的第五届全国运动会在南京举行，20日结束。实有各省、市和香港及巴达维亚、菲律宾华侨团体30个单位2000多名运动员参加。比赛项目88个，种类包括田赛、径赛、全能、足球、篮球、排球、网球、棒球、垒球、游泳和国术，其中新增项目为女子游泳、垒球、国术，表演项目有太极拳操、马术。此次运动会首次由中央政府筹办，共打破28项全国纪录，上海获得总锦标。辽宁刘长春在100米短跑中平了远东运动会记录，香港杨秀琼获4项游泳冠军，成为明星运动员。举办运动会的中央体育场于1931年10月建成竣工，由基泰工程司关颂声、杨廷宝等设计，利源建筑公司建设。体育场占地80公顷，可容纳6万人，规模为远东第一，包括35000人的田径场、5400人的国术场、5000余人的篮球场（与排球场合用）、10000余人的网球场、4000人的游泳场、4000余人的棒球场和仅有木质设施的足球场、跑马场等。

中央体育场的中心建筑——田径场

中央体育场游泳场（1931年摄）

“长江”号火车渡轮下水典礼

亚洲首个火车轮渡通航

为连接津浦铁路和沪宁铁路，北京政府时期就已经计划在下关到浦口间建桥或通行轮渡，但因费用高昂作罢。1930年，南京国民政府铁道部成立首都铁路轮渡设计委员会，确定“活动引桥”式轮渡方案。引桥和渡轮皆由英国公司建造。渡轮定名“长江”号，长110.3米，宽17.2米，载重1200吨，舱面铺设铁轨3条，各长90余米，共可停放客车12辆或货车21辆。本年10月22日，亚洲第一个火车轮渡在南京正式通航，国民政府主席林森出席仪式，第五届全运会游泳冠军杨秀琼为通航剪彩。日本《读卖新闻》称其“美轮美奂，东亚无双”。

1934

Astoronomical Observatory (Nanking)　　　　天文臺の一部（南京大觀）

紫金山天文台（民国时期明信片）

紫金山天文台竣工

中央研究院天文研究所成立之初暂以鼓楼测候所为办公地址，并勘定紫金山第一峰为国立第一天文台台址。1929 年，新任所长余青松考察后以修建盘山公路耗资过巨，遂改址第三峰，由孙和祥营造公司负责建设。至 1930 年秋建成子午仪室、赤道仪室和办公室。因经费紧缺，其余主体建筑皆由余青松自行设计，并与全所员工共同监工建筑，建筑外墙采用紫金山特有的虎皮石砌成。本年 8 月，占地 3.1 公顷的紫金山天文台全面竣工，共建巨型天文观测所 6 座，台本部的中央观测室安放有亚洲最大的 600 毫米蔡司天文望远镜。

紫金山天文台（20世纪30年代摄）

紫金山天文台订购的600毫米蔡司天文望远镜（20世纪30年代摄）

顾　衡

抗战前南京最后一个市级党组织被破坏

1933 年 6 月，南京党组织在一年多前遭遇严重破坏后仅剩一个特支、八九名党员，原国立中央大学物理系学生、中共太和县委书记顾衡临危受命，担任中共南京特支书记。他白天摆书摊，晚上住工棚，积极发展党员和外围组织，仅半年后党员人数增加五六倍，还建立了共青团和反帝自由大同盟等革命组织。本年初，南京市委重建，顾衡任负责人。7 月，因江苏省委代书记被捕叛变，南京市委下属的无线电台支部、溧阳特支先后被破坏。8 月 7 日，顾衡在中央大学附近的沙塘园被捕。他严守秘密并拒绝劝降，还在宪兵司令部的法庭上怒斥法官，12 月英勇就义于雨花台。这是中共南京党组织在全面抗战前遭到的第八次大破坏，此后市级党组织中断长达两年多，但因顾衡的保护，一些党员仍然能在南京秘密活动。

一片泽国的下关（1935年摄）

长江大水淹城

民国时期，南京水患严重。1916年、1918年、1921年、1922年、1923年、1925年、1931年、1933年等年份均河道泛滥，积水成灾，低洼处几成泽国。其中1931年尤为严重，长江流域普降暴雨，秦淮河沿岸数百里圩堤溃决，“淹没田亩百数十万亩……庐舍荡然，村落如海中岛屿，漂杳烟波间，人类则与虫鸟竞争，同栖树头”。本年7月，长江中游特大暴雨引发区域性特大洪水，长江中下游六省被灾。南京再遭严重水灾，下关江堤坍塌，秦淮河各圩又成泽国。

白鹭洲附近已成汪洋（1935年摄）

廖仲恺墓

廖仲恺移葬南京

国民党左派领袖廖仲恺于1925年在广州被右派刺杀身亡。1926年，国民党中央党部议决在中山陵附近为其建墓，聘吕彦直设计。本年，墓室落成。6月中旬，廖仲恺灵柩由广州移至南京灵谷寺，举行公祭。9月1日，其灵柩正式入葬中山陵西侧。

国民革命军阵亡将士公墓

国民革命军阵亡将士公墓落成

1928年11月，国民党中央执行委员会决定为北伐牺牲将士筹建公墓，墨菲受聘设计。1931年3月于原灵谷寺寺址开工建设。本年11月，国民革命军阵亡将士公墓正式落成。公墓占地33.3公顷，共有3座品字形分布的公墓。原灵谷寺天王殿址建牌坊一座。无梁殿改建为祭堂，四壁刻有33224名北伐阵亡将士姓名和军阶。殿后建有纪念馆和60多米高的纪念塔。入葬者除了北伐战争阵亡将士代表外，还有1932年淞沪抗战及后来华北长城抗战阵亡将士代表，均依抽签决定，在本年公墓正式落成前已先后入葬。

1936

国民大会堂（1944年摄）

国民大会堂和国立美术陈列馆建成

为实现孙中山在《建国大纲》中提出的宪政目标，南京国民政府1933年就开始筹建国民大会堂，1935年9月决定大会堂“以国立戏剧音乐院及国立美术陈列馆充用”，既为剧院，又为会场，一举两得。11月，上海陆根记营造厂以37万元中标国立戏剧音乐院、国立美术陈列馆工程。筹委会选定公利工程司奚福泉的设计方案，由陶记工程事务所李宗侃督造。本年5月5日国民大会堂（国立戏剧音乐院）竣工，8月国立美术陈列馆落成。整个建筑群气势恢宏，设施先进，实际造价达到100余万元。建筑主体为钢筋混凝土结构，大会堂地上5层、地下1层，可容纳3000余人，陈列馆主体高4层、两翼高3层，风格为新民族形式，装饰纹样采用中国传统元素但大为简化，是民国建筑的优秀代表作。

国立美术陈列馆（1944年摄）

宋美龄从南京飞赴西安，谈判释蒋

西安事变和平解决

本年 12 月 12 日张学良、杨虎城发动西安事变，蒋介石被扣。宋美龄与孔宋家族反对何应钦的武力讨伐方案，于 14 日派蒋介石私人顾问端纳飞往西安送信，了解详情。16 日，何应钦以讨逆军总司令身份在南京发表讨伐令，并派空军轰炸渭南。17 日，蒋介石得到端纳再次送来的信息，立即派蒋鼎文回南京将停战手令交给何应钦。后经中国共产党居间协调，迫使蒋介石同意停止内战、联共抗日。26 日，张学良陪蒋介石飞回南京，国民政府组织了庆祝蒋介石返京典礼，但张学良被囚禁并判刑 10 年。1937 年 1 月，国民政府根据蒋介石呈文下令特赦张学良，但要求军委会严加管束，张学良实际上被终身软禁。

《建康兰陵六朝陵墓图考》书影

《金陵古迹名胜影集》书影

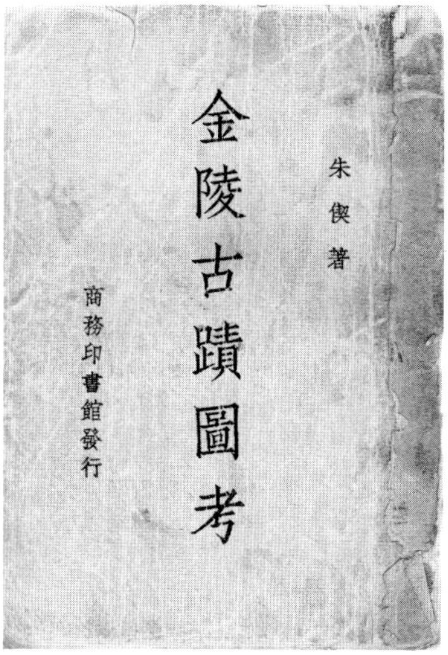

《金陵古迹图考》书影

留德经济学教授痴心研究南京古迹

朱偰（1907—1968），字伯商，浙江海盐人。在德国柏林大学攻读经济学，获哲学博士学位。1932 年回国，任中央大学经济系教授、系主任。1933 年，因受友人德国哲学博士、中央陆军军官学校教员 Metzener 及奥地利音乐博士 Strassl 等邀请一起寻访六代陵墓、南朝寺宇，遂在授课之余开始调查金陵史迹，并进行摄影、测量，“庶使此重要工作，不落在外人手中，个人财力固然有限，但愿尽力而为”。1934 年，其父朱希祖就任中央大学历史系主任、中央古物保管委员会主任，更得助力。至 1935 年，“东至丹阳，西至当涂，南至湖熟，北及浦镇”的广大区域，“举凡历代城郭宫阙、陵寝坟墓、玄观梵刹、祠宇桥梁、园林第宅，无不遍览”。这是首次运用摄影、测量等现代技术全面考察南京的文物古迹，拍摄照片多达 1000 余幅。利用这些成果，朱偰先后编撰《金陵古迹图考》《金陵古迹名胜影集》《建康兰陵六朝陵墓图考》，均于本年由商务印书馆出版。他还为其父主编的《六朝陵墓调查报告》（1935 年作为中央古物保管委员会调查报告第 1 辑出版）撰写了《六朝陵墓总说》一文。

Dr.Strassl拍摄的溧水文庙

朱偰拍摄的牛首山及宏觉寺塔

1937

1937年8月，在南京参加国共合作谈判的中共中央和红军代表朱德（右一）、周恩来（右二）、叶剑英（右五）与国民党元老张群（右六）在民主人士黄琪翔夫妇家合影

国共完成合作谈判

本年8月9日，中共中央和红军代表朱德、周恩来、叶剑英应邀赴南京参加国防会议，并继续谈判。18日，双方达成将红军改编为国民革命军第八路军等协议。同日，八路军驻南京办事处在傅厚岗成立，李克农任处长。截止到10月，办事处从南京、苏州、上海、杭州等地的监狱、反省院营救政治犯1000多名。9月初，中共中央委派博古作为代表来南京，和叶剑英继续与国民党的谈判。22日，《中共中央为公布国共合作宣言》通过国民党中央通讯社发表。次日，蒋介石在南京发表谈话，标志着以国共合作为基础的抗日民族统一战线正式形成。同时，博古、叶剑英等在谈判中，初步商议将南方八省红军游击队改编为一个新的军。9月28日，蒋介石抢先单方面任命叶挺为新四军军长。10月18日，中共中央致电博古等，同意了南方八省红军游击队集中改编的建议。

中共代表博古（中）、八路军参谋长叶剑英（左）和八路军驻南京办事处处长李克农（右）在驻京办合影

1937年12月13日，日军进攻中华门

南京陷落

本年11月，蒋介石决定“短期固守”南京，任命唐生智为首都卫戍部队司令长官，指挥守城部队合计“15个师强”。12月1日，日本参谋本部下令华中方面军司令官松井石根“须与海军协同，攻占敌国首都南京”，主要参战部队为上海派遣军和第十军。双方实力相差悬殊，12月6日日军进至南京外围。8日，唐生智指挥部队退守复廓阵地。9日，一部日军突入光华门内，经激战后被消灭。10日，因唐生智拒绝劝降的最后通牒，日军开始全面围攻南京城，守军则英勇抵抗。12日上午，雨花台失陷，中午前后部分日军从中华门缺口突入城内。17时，鉴于防线动摇，唐生智根据蒋介石相机撤退的电令布置突围。但混乱中部队失控，大部分溃奔下关，但多数人未能渡江。13日，南京沦陷。此战日军毙伤万余人，守军伤亡愈万，成功撤离者约5万人，其余皆被日军俘杀。

老照片 南京百年影像

太平路的残垣断壁被收入日方所制《南京战迹》明信片加以炫耀

侵华日军疯狂屠城

本年12月13日攻占南京前后，侵华日军华中方面军司令官松井石根和下属的上海派遣军司令官朝香宫鸠彦、第六师团师团长谷寿夫、第十六师团师团长中岛今朝吾等高级指挥官不断下令“扫荡败残兵”，对俘虏“立刻予以枪决”，“直至妇女儿童皆应杀戮之”。随即开始的血腥大屠杀持续时间长达6周，小规模的奸淫、屠杀事件一直延续到1938年夏天。据战后远东国际军事法庭裁定，“在日军占领后最初6个星期内，南京及其附近被屠杀的平民和俘虏，总数20万人以上”，仅第一个月强奸事件就有2万起，城中妇女“多数都被奸污了”。中国审判战犯军事法庭在《谷寿夫战犯案判决书》中认定，被集体屠杀的有19万多人，零散被杀经慈善机关收埋的尸体有15万多具，被害总数达30万人以上。伴随大屠杀的是大规模抢劫和有计划的破坏。故宫南迁文物3000箱、中央图书馆80多万册藏书、各科研机构的学术标本10多万件和1500多箱考古标本也遭抢掠。各类建筑遭洗劫后还被放火烧毁，最繁华的太平路（今太平南路）被整个烧掉，甚至夫子庙大成殿及所有配殿楼阁、牛首山古佛寺等著名古迹也被烧毁。全市被焚房屋达三分之一。

宁海路5号南京国际安全区总部内的难民（1938年摄）

南京国际安全区保护难民

本年 11 月中旬，国民政府开始撤离南京，为了保护无法撤离的难民，金陵大学董事会和南京外侨代表组成了南京安全区国际委员会，推举德国西门子洋行驻南京代表拉贝为主席，建立了以金陵大学为中心的安全区，占地面积 3.86 平方公里，设有交通部大厦、金陵女子文理学院、金陵大学、华侨招待所、最高法院、汉口路小学、五台山小学、司法院等 25 个难民收容所。中国政府承认安全区，撤出军队，拆除了军事设施，南京市市长移交了行政权，并提供现金、粮食和 450 名警察。虽然日方不断违反不攻击安全区的承诺，多次强闯安全区施暴，但安全区在南京大屠杀期间仍然保护了大批中国同胞，最多收容人口达 29 万。此外，德国人京特、丹麦人辛德贝格设立江南水泥厂难民营，收容保护了近两万名难民。栖霞寺也设立了佛教难民所，收容难民最多时达 2 万余人。

栖霞山的难民营（1938年摄）

江南水泥厂难民营里收容的难民

1938

“维新政府”成立典礼

“维新政府”成立

本年3月28日，在侵华日军华中派遣军松井石根的支持下，原北洋政府政客梁鸿志等在南京原国民政府大礼堂宣告成立“中华民国维新政府”，实际管辖江苏、浙江、安徽三省的敌占区和南京、上海两个特别市。按照日方3月24日制定的《调整华北及华中政权关系要纲》及《谅解事项》，“华中新政权是作为一个地方政权成立的，将来仍以中华民国临时政府作为中央政权，尽快使其合并统一”。华中新政权即南京的维新政府，它与侵华日军华北方面军在北京组建的临时政府，都是过渡性的傀儡政权，用意在抗衡重庆的国民政府，并且便于日方与伪政权签订条约固化侵略果实。维新政府虽为地方政权，却设计了中央政府的架构，梁鸿志任行政院院长，温宗尧任立法院院长，政府的一切活动均由20余名日本顾问控制。

新四军二支队战士在突击溧水洪蓝埠前合影（1939年摄）

新四军挺进南京

本年4月24日，毛泽东指示新四军“先派支队去溧水一带侦察”。新四军从一、二、三支队中各抽调一个连，组成以粟裕为司令、钟期光为政治部主任的先遣支队400余人，于5月下旬进入溧水县境，实施战略侦察。这是新四军首次进抵南京附近。同月，根据中共中央东进苏南敌后，在长江以南创立抗日根据地的指示，第一支队司令员陈毅率部从皖南岩寺地区出发，6月3日与粟裕会师于狸头桥，次日凌晨抵达高淳县城。6月7日，一支队主力渡石臼湖，兵分两路向茅山进发。一支队一团由傅秋涛、江渭清率领进驻江宁横山地区，开辟了南京近郊第一个抗日根据地。

1939

在日军侵占南京的战火中受损的原中央医院（1938年摄）

石井四郎在南京成立细菌战部队

本年4月18日，日本细菌战专家、臭名昭著的731部队创始人石井四郎在南京原中央医院旧址建立荣字1644部队，对外称“中支那防疫给水部”，又称“多摩部队”，人数1500多人，是侵华日军在中国华北、华中和华南同期建立的三大细菌战部队之一。曾用活人进行细菌试验，获取数据。下设总务部、防疫科、材料科、理化学科、经理科、训练部、孵育室等。该部队在浙江一带多次发动大规模细菌战，导致浙江、江西230多万人染病，致死人数65万以上。

汪伪政府成立典礼在原国民政府考试院大礼堂举行，伪政府代理主席兼行政院院长汪精卫率众汉奸宣誓就职

汪精卫组建伪政府

1939 年 9 月，在日本策划下，南北伪政权协议取消，筹建以汪精卫为首的伪中央政府。12 月，汪精卫与日本签订了将国家主权实际交由日本控制的《日支新关系调整要纲》，并与伪满洲国互相承认。本年 3 月 30 日，伪中华民国国民政府在南京正式成立，沿用青天白日满地红的旗帜为“国旗”，另加书有“和平反共建国”字样的三角布片，办公驻地设在原南京国民政府考试院（今北京东路 41 号）。汪精卫任代理主席兼行政院院长。伪政府由日本顾问操纵。

1941

新四军十六旅旅长王必成（后左三）、政委江渭清（前中）、副旅长钟国楚（前右）等合影

苏南党政军机关转移至溧水

本年 11 月 28 日，日军奔袭溧阳塘马，新四军六师十六旅旅长罗忠毅、政委廖海涛在突围中牺牲。29 日晚，十六旅旅部和苏南党政机关由塘马转移到溧水白马桥地区，与在附近活动的四十六团团部会合，驻扎于李巷李氏宗祠，重建苏南抗战的指挥中心。次年 1 月六师师长谭震林亲自兼任十六旅旅长，钟国楚任政委兼政治部主任。4 月，江渭清任政治委员，钟国楚改任旅长。1943 年 1 月，新四军一师二旅主力由苏中渡江，并入十六旅，王必成任旅长，江渭清任政委。4 月，苏南反顽战役后，苏南党政军机关撤离溧水。

1942

中共南京情报组核心成员汪锦元、李德生、陈一峰（左起）获释后合影

南京情报组暗战南京

1940 年 4 月，中共中央社会部上海情报站派李德生（1902—1996）为南京情报组组长，租住在小火瓦巷长治里 1 号，以国医诊所为掩护，有情报关系 20 余名。其妻张鸣先是中共党员，负责密写情报。汪伪中央联合通讯社记者陈一峰、汪伪外交部专员汪锦元（常驻汪公馆，实为汪精卫随从秘书兼日语翻译）、日本同盟社南京支社首席记者西里龙夫等均为其核心情报员。1941 年 11 月，情报组获取了日本图谋南进作战袭击太平洋舰队的重大战略情报。本年夏，因受到苏联佐尔格小组国际间谍案的牵连，西里龙夫和李、陈、汪先后被捕，前者被判死刑，因日本投降未及执行，后三人均被提前释放。本年 12 月，中共中央华中局情报部又派白沙找到李德生小组幸存人员，恢复了情报组织，一直坚持到抗战胜利。

新四军二师文工团在竹镇演出后合影（1942年摄）

竹镇成立抗日民主政府

1939年8月，罗炳辉率新四军五支队进驻竹镇，开辟了路东抗日根据地。这个原本繁华但位置偏僻的小镇很快成为苏皖边区的重要中心，刘少奇、吴学谦等领导人均曾在此活动。本年8月，淮南行署批准建立中共竹镇市工作委员会，同时成立竹镇市抗日民主政府，下辖两镇一乡。1944年4月，这里建立了新四军，也是中共领导的第一个公安派出所。1945年4月，侵华日军中国派遣军总司令部曾派代表来此与新四军谈判。8月，因抗战胜利，竹镇市抗日民主政府奉命撤销。

日本首相官邸发言人代汪伪政府发表宣战声明

汪伪政府向英美宣战

1942 年 5 月起，为提高国际地位，接收英美在华利益，汪伪政权多次向日本表达对同盟国的参战愿望，均被拒绝。后因太平洋战争连遭失利，日本改变了态度。本年 1 月 9 日，日汪签订《共同宣言》，日本首相官邸发言人代汪伪政府发表了对英美的宣战声明，汪精卫也召开中央政治委员会临时会议，发布宣战布告。但实际上，汪伪政权没有向太平洋战场派过一兵一卒。

1944

南京学生开展清毒运动查抄毒品（1944年摄）

南京清毒运动，人力车夫协助搬运抄出的鸦片和烟具

汪伪首都爆发进步学生运动

1942—1943 年，汪伪政权为在学生中培植政治势力，先后成立学生互助会和干字运动实践会，后者由汪伪宣传部部长林柏生亲任会长。中国共产党各系统党组织陆续派遣学生党员和进步学生加入两个合法组织，架空其领导层，掌控活动组织权，在汪伪首都发起进步学生运动。他们发展会员，创办刊物，利用寒暑假举办讲习会、生活营，宣传爱国、民主和科学思想。当时，汪伪不满侵华日军独占鸦片利益交涉禁烟，由党的外围组织青年救国社借机开展清毒运动。本年 1 月，南京学生“清毒运动寒假工作团”邀请“干字运动实践会寒假生活营”合作，将“白面大王”曹玉成扭送伪首都警察厅，并焚毁了其家中抄出的大量海洛因。此事轰动一时，汪伪当局迫于民愤将曹处决。

长干桥

中华门

夫子庙

通济门

德国女摄影家为南京留影

1944 年夏，女摄影家赫达·莫里循应德国驻汪伪政权大使韦尔曼邀请，来南京花费近半年时间拍摄了反映风土人情、名胜古迹的照片近千幅。由学者阿尔弗雷德·霍夫曼筛选编纂了德文版画册《南京》，于次年在上海出版。南京在日伪统治下，经过了 7 个年头，依然可以通过赫达并非刻意的取景，看见战争带来的巨大创伤，以及萧条的街景和普通南京人的贫苦生活。

1945

新四军副军长张云逸

新四军二师师长兼南京前线总指挥罗炳辉

率部反正的伪警卫三师师长钟健魂

新四军筹备收复南京

本年8月9日，中共中央主席毛泽东发表《对日寇的最后一战》的声明。10日，朱德总司令发布大反攻的第一号命令。12日，新四军军部任命粟裕为南京特别市市长。新四军二师师长罗炳辉兼任南京前线总指挥，负责占领南京等地。13日，经中共地下组织策反，汪伪警卫三师钟健魂率部在六合钟家集起义。14日，新四军副军长张云逸电召沙文汉组建南京支队并任政委，若周佛海率伪军反正则予以策应，否则配合二、六师武力接收南京。8月15日，日本宣布向同盟国无条件投降，蒋介石电令日本驻华派遣军总司令冈村宁次停止所属日军的军事行动，并派代表接受中国陆军总司令何应钦的命令。同日，朱德急令冈村宁次派代表到新四军军部所在的天长地区接受陈毅命令。当日，张云逸、饶漱石等赴六合竹镇接洽受降事宜，南京支队则由六合渡江攻克龙潭、栖霞，沙文汉特作《夜袭龙潭》一诗："运筹既定意方倓，且共挑灯作笑谈。忽听炮声起未久，前军已报入龙潭。"与此同时，江南的新四军第六师在江宁方山建立了指挥部，中共地下组织在城内组织地下军做了策应准备。但此时中共中央已决定放弃占领南京、上海等大城市，不久南京支队撤回江北。

受降现场

南京受降

在此形势下，南京伪国民政府于本年 8 月 16 日决定解散。27 日，陆军副参谋长冷欣等至南京设立中国陆军总司令部前进指挥所，准备受降和接收工作。9 月 5 日，美国空军自芷江空运新编第六军廖耀湘部接管南京。9 日上午 9 时，中国战区日军投降典礼在南京黄埔路中央军校大礼堂举行。参加仪式的还有中国军政官员、民众代表、盟军代表及新闻代表等计 405 人。冈村宁次、何应钦先后在日军投降书上签字盖章，标志抗日战争胜利结束。至 10 月 13 日，南京地区日军 8 万余人缴械完毕，于次年 6 月底遣送完毕。同时，中国政府在兴中门（今仪凤门）外原日军兵站设立南京市日侨集中营管理所，收容日侨 1 万余人，由其实行自治管理。1946 年 3 月，南京日侨全部遣返回国后，管理所随之撤销。

9月7日空降南京的新六军

新编第六军先导部队进入南京城

受降现场外的南京百姓和维持秩序的中日军人

担任南京受降仪式会场内层警卫的于文瑞为此摄影留念

冈村宁次为首的日军代表脱帽步入受降仪式会场

兴中门外的日侨集中营管理所

南京日军奉命迁入日俘集中营

南京日俘修路

1946

国府路（今长江路）庆祝还都的牌坊

国民政府还都南京

1945年12月8月，国民政府行政院及各部会先遣人员到达南京，筹备还都。本年4月25日，行政院在南京挂牌办公，各部会也于28日正式对外办公。5月3日，蒋介石自汉口飞抵南京。5月5日，蒋介石夫妇与国民政府官员、各界代表5000余人齐聚中山陵祭堂前，举行还都典礼，并拜谒孙中山陵寝，为抗日战争阵亡的中国与盟军将士及死难同胞默哀。随后，蒋介石参加了在国民大会堂广场举行的首都各界庆祝还都大会。

蒋介石官邸憩庐

蒋介石在官邸憩庐书房看书

1946年10月，周恩来重返南京参加谈判

周恩来率中共代表团进驻南京

5月3日，周恩来带领的中共代表团进驻梅园新村30号、35号和17号，继续与国民党进行和平谈判。代表团对内称南京局，周恩来为南京局书记兼外事工作委员会书记，董必武为地下工作委员会兼财经委员会书记。谈判期间，周恩来率中共代表团与国民党反动派进行了针锋相对、有理有利有节的斗争。他们团结一切可以团结的力量，为实现国家的真和平、真民主而努力奋斗。由于国民党不顾中国共产党和大部分第三方人士的反对，执意召开包办的"制宪国民大会"，违背政协决议通过《中华民国宪法》，导致和谈破裂。11月16日，周恩来在梅园新村举行最后一次记者招待会，揭露国民党当局破坏和谈真相的同时，表明了中国共产党争取和平的态度与愿望。19日，周恩来等返回延安。中共代表团南京办事处改为中共驻京办事处，由董必武主持，坚持到次年3月7日。

1946年11月，制宪国民大会代表入场

1946年11月的制宪国民大会现场

新闻记者纷纷到梅园新村中共代表团驻地领取新华社电讯稿

1947

谷寿夫被押赴雨花台刑场

审判日本战犯

负责审判乙、丙级日本战犯的南京审判战犯军事法庭于1946年2月15日成立，少将军法官石美瑜任庭长。同年6月，南京市临时参议会成立南京大屠杀案敌人罪行调查委员会，经广泛调查，为南京军事法庭和远东国际军事法庭提供了大量南京大屠杀罪证。本年3月10日，大屠杀主犯之一日军第六师团师团长谷寿夫在励志社接受公审被判处死刑，26日上午被押往雨花台在9万南京市民面前执行枪决。12月18日，法庭判处南京大屠杀中进行杀人比赛的第十六师团军官向井敏明、野田毅和屠杀南京市民300余人的第六师团军官田中军吉死刑，次年1月28日押赴雨花台执行枪决。此外，南京的军事法庭还审判处决了第二十三军司令官酒井隆以及在江浙疯狂屠杀中国民众的宪兵松本洁、三岛光义等战犯，判处香港“总督”矶谷廉介、日本驻华武官高桥坦等无期徒刑，并多次预审了侵华日军总司令冈村宁次。

向井敏明、野田毅和田中军吉在雨花台被枪决

汪伪宣传部部长兼伪安徽省省长、保安司令林柏生在首都高等法院受审

审判伪政权汉奸

国民政府于1945年11月23日、12月6日，相继公布修改后的《处理汉奸条例》《惩治汉奸条例》。1946年4月1日，首都高等法院在南京朝天宫成立，开始审判在押汉奸。5月3日，首先公审梅思平，旁听者数千人。9日，梅思平被判死刑。10月21日，公审周佛海，旁听市民达1万多人。截至本年8月，林柏生、丁默邨、齐燮元、殷汝耕等14人在南京被判死刑，24人被判无期徒刑。其中，周佛海先判死刑，后经蒋介石特赦，改判无期徒刑，1948年2月病死在老虎桥监狱。此外，在南京的国防部军事法庭对军人汉奸进行了审判，原汪伪海军部部长凌霄、参谋总长胡毓坤、首都警备司令兼首都警察总监李讴一、代理军政部部长鲍文樾、杭州绥靖公署主任兼浙江保安司令项致庄等被判死刑。

汪伪中央常委兼社会部部长、交通部部长丁默邨在首都高等法院受审

1947年5月20日，大中学生在南京的游行遭到军警镇压

“五二〇”运动爆发

本年4月下旬，国民党统治区出现严重经济危机，物价飞涨，许多城市出现抢米风潮。5月15日，在增加副食费的请愿遭当局拒绝后，南京学生连续举行反饥饿游行。20日上午9时，京（南京）、沪、苏、杭16所专科以上学校的5000多名学生，高举孙中山巨幅画像和横幅标语，从中央大学出发，举行“挽救教育危机”联合大游行。军警在珠江路口设卡阻拦并殴打学生，致当场重伤19人，轻伤104人，抓捕28人，酿成“五二〇”血案。冲出重围的学生冒着暴雨行至国府路（今长江路），与军警对峙至晚6时始返校。同日，北平、上海、天津的学生也举行大游行，天津发生血案。“五二〇”运动迅速扩展到全国60多个大中城市，几十万学生罢课，近10万学生参加游行。5月30日，毛泽东在新华社评论中称，“五二〇”运动形成了中国人民革命的第二条战线。

老照片 南京百年影像

参加“五二〇”运动的大中学生在南京游行遭到军警镇压

1948

行宪国民大会会场

召开行宪国民大会

3月29日，南京政府为依据宪法实行总统制，召开第一届行宪国民大会。4月9日，蒋介石做施政报告。18日，大会通过《动员戡乱时期临时条款》，规定在戡乱时期，总统、副总统可无限连任，总统可不经立法院而直接由行政院会议议决的形式紧急处置重大变故等，实际上给予总统独裁的权力。19日，蒋介石和居正竞选总统，前者毫无悬念高票当选。李宗仁、孙科、程潜、于右任、莫德惠、徐傅霖参加了副总统竞选，桂系支持的李宗仁实力最强，但由于蒋介石支持孙科，导致竞选白热化。23日，经四次投票，李宗仁以微弱优势当选，成为可代行总统职权的二号人物。

蒋介石、李宗仁在国民大会堂宣誓就任总统和副总统

第一次院士会议合影

评选中央研究院首届院士

1946年10月，中央研究院在南京召开年会时即商议建立院士制度。1947年4月，中研院选举出第一次院士选举筹备委员会委员15名。随后筹委会确定了候选人评议员25人，批准了《国立中央研究院院士选举规程》。《规程》规定院士当选资格是：对所习的专业有特殊著作、发明或贡献；在专业学术机关领导或主持五年以上且成绩卓著。二者须居其一。选举时，候选人必须获得评议会五分之四同意票，方可当选。5月16日，面向全国提名院士候选人。至10月17日，评议会第四次年会议决150名院士候选人。本年3月25日至28日召开评议会第五次年会，分数理、生物、人文三组审查，经一次普选和四次补选，确定了81名首届院士，其中数理组28名、生物组25名、人文组28名。这次评选会的评议员都是著名学者，评议主要基于学术考虑，基本排除了政治干扰，因此公开反对国民党当局的郭沫若也能当选。1949年以后，院士中仅有10人去了台湾，留在新中国的有59人，占总数的72.8%。

驾机起义的俞渤（右一）等5人在解放区合影

俞渤等驾机起义轰炸总统府

在中共中央上海局和南京市委的策动下，国民党空军第八大队飞行员俞渤等 3 人加入中国共产党，建立了党支部。本年 12 月 6 日晚，借蒋介石赴南京国民党空军俱乐部慰问驻京飞行员之机，俞渤等 5 人驾驶 B-24 远程重型轰炸机携弹起飞，原拟轰炸大校场机场和伪总统府，因投弹系统被地下组织破坏，炸弹落偏至燕子矶附近，但爆炸巨响震动南京全城。随后，机组飞往解放区的石家庄机场降落。其后半年左右时间，国民党空军至少有 48 人 18 架飞机相继起义。

1949

4月24日，南京市民在新街口广场迎接解放军

解放南京

1948年冬起,国民党当局预感前景不利,开始将重点工厂、学校、科研机构及人员、档案、文物等向台湾、上海、两广等地搬迁。本年1月25日，行政院长孙科宣布政府南迁广州。为制止敌人转移物资和人员，中共南京市委积极开展了反搬迁和护厂护校斗争。同时，在南京中共地下组织的策反下，国民党海军第一舰“重庆”号巡洋舰从上海起义北上，首都警卫军九十七师师长王晏清率部渡江起义，震动国民党朝野。4月20日，因国民党政府拒签国内和平协定，解放军第二、第三野战军和地方部队发起渡江战役。至22日，三野八兵团三十五军先后解放江浦、浦镇和浦口。4月23日，代总统李宗仁南飞桂林，南京国民党官员与驻军连夜逃跑。林遵率海军第二舰队在南京笆斗山江面起义，狮子山炮台台长胡念恭拒绝开炮，为解放军顺利渡江创造了条件。政权真空期，中共南京市委组织维护社会秩序，通过警运会争取2000多名警员和400多名三轮车工人组织的人民民主保卫队等配合维持治安，并全力制止和挫败敌人的破坏阴谋。当夜，下关电厂工人还配合解放军侦察员将运煤的“京电”号开往北岸，迎接三十五军一〇四师首批部队渡江。24日凌晨2时许，三一二团先头部队占领总统府。当日，大部队由挹江门入城，受到南京人民的夹道欢迎。新华社随后发表社论：“南京的解放正式地表示了国民党统治的灭亡。”

2月，政府机关的办公家具等待运往广州

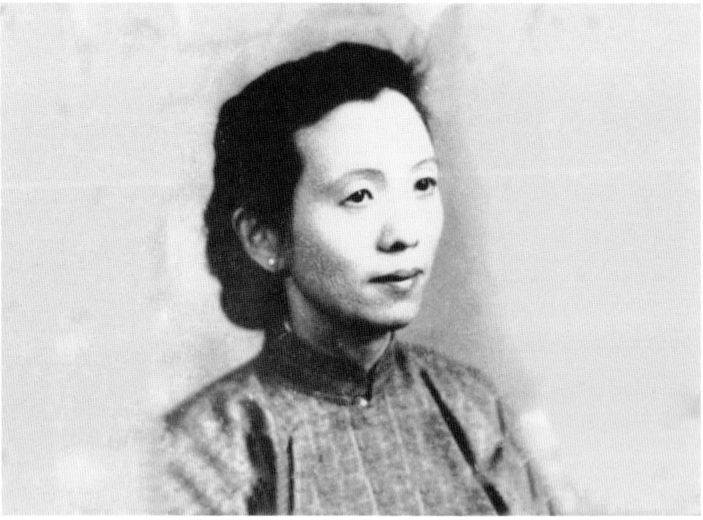

中共南京市委书记陈修良

中央大学学生四一游行

4月，匆忙逃跑的国民党军人

4月24日，南京学生为迎接解放军在墙上书写《我们的队伍》

4月24日，解放军在建康路列队休息

解放军二野司令员刘伯承进入总统府，并接见林遵

4月25日，毛泽东主席在北京香山阅读《南京解放》报道